보국안민 발길로

서울을 걷다

보국안민 발길로
서울을 걷다

서울 지역 동학 천도교 사적 이야기

이 동 초 지음

도서
출판 모시는사람들

🏛 장소 👤 인물 🚩 사건

주요사적

❶ 경운동 대교당(중앙총부, 기념관, 수운회관) 🏛
❷ 봉황각 🏛
❸ 상춘원 🏛
❹ 복합상소 🚩
❺ 해월신사(최시형)의 순도지 👤
❻ 의암성사댁 / 중앙총부 설치 👤🏛
❼ 보문관 🏛
❽ 의암성사의 집 👤
❾ 중앙총부 / 춘암상사 대도주 선수터 👤🏛
❿ 기와집 중앙총부 🏛
⓫ 한성교구 / 각 전교실 🏛
⓬ 중앙총부 / 보성전문학교 / 보성초등학교 🏛
⓭ 천도교사립보성학교 🏛
⓮ 보성사 🏛
⓯ 동덕여학교 🏛
⓰ 취운정 🏛
⓱ 의암성사의 집터 👤
⓲ 맹현 춘암상사의 집터 👤
⓳ 태화관 🏛
⓴ 탑골공원 의암성사 동상 👤
㉑ 감고당인쇄소 🏛
㉒ 신간회경성지회 🏛
㉓ 보문사 🏛
㉔ 조선농민사인쇄부 🏛
㉕ 중성사인쇄소부 🏛
㉖ 서북학회 / 보성전문학교 🏛
㉗ 춘암상사 댁 👤

북촌 지역

㉘ 운현궁 🏛
㉙ 광혜원(제중원) / 헌법재판소 🏛
㉚ 안동별궁 🏛
㉛ 감고당터 🏛
㉜ 안동의원 🏛
㉝ 기호학교 / 한성중학교 / 동아일보사 🏛
㉞ 규장각터 🏛
㉟ 3·1운동책원지 / 6·10만세운동 기념비 🚩
㊱ 한용운 집터 / 석정보름우물터 / 김성수 집터 👤
㊲ 제생원 / 관천대 / 계동궁 🏛
㊳ 금위영 / 비변사터 🏛
㊴ 통례원 / 종부시터 🏛
㊵ 박용성 거주 터 / 대각사 👤
㊶ 지석영 집터 / 조광조 집터 👤

경운동 지역

㊷ 교동초등학교 🏛
㊸ 민가다헌 閔奫斗 집 👤
㊹ 가톨릭의과대학터 🏛
㊺ 한말 일본공사관터 🏛
㊻ 관립외국어학교 / 경기여고보교 / 종로경찰서 🏛
㊼ 정우회관 / 조선물산장려회 / 고려발명협회 등 🏛
㊽ 朴泳孝 집터(경인미술관) 👤
㊾ 조선물산장려회관 자리 🏛
㊿ 의화궁 터(李堈公 집) 👤
(51) 충훈부 터 🏛
(52) 조선극장 터 🏛
(53) 승동교회 🏛
(54) 시천교당 / 서울청년회 / 경성청년연합회 등 🏛
(55) 우정총국 / 전의감 / 민영환 집 / 도화서 터 🏛
(56) 조선노동연맹 / 조선노동총동맹회관 터 🏛
(57) 조선일보사 / 조선중앙일보사 터 🏛
(58) 수송공원 🏛
(59) 수진궁 / 수진측량학교 터 🏛
(60) 정도전 집터 / 수송초등학교 👤🏛
(61) 중학 터 🏛

종로 지역

(62) 모전교 / 혜정교 🏛
(63) 신간회경성지회 🏛
(64) 경성지방법원 / 복심법원 / 종로경찰서 등 🏛
(65) 대동인쇄주식회사 / 성문사 터 🏛
(66) 근우회본부 터 🏛
(67) 일제 종로경찰서 🏛
(68) 이문터 🏛
(69) 보신각 한성정부 선포 터 🚩
(70) 조선중앙기독교청년회관 🏛
(71) 신간회본부 터 🏛
(72) 6·10독립만세운동 선창 터 🚩
(73) 단성사극장 🏛
(74) 우미관극장 터 🏛

기타지역

㉕75 마포 경성감옥 / 서대문형무소 🏛
㉖76 천덕산 해월신사 묘소 👤
㉗77 의암성사 묘소 👤
㉘78 춘암상사 묘소 👤
㉙79 교회묘지공원 🏛
㉚80 망우리 묘지공원(오세창, 방정환) 👤
㉛81 국립서울국립현충원(민족대표 등) 👤

자하문터널

청운초등

배화여자대학교

매동초등학교

사직공원

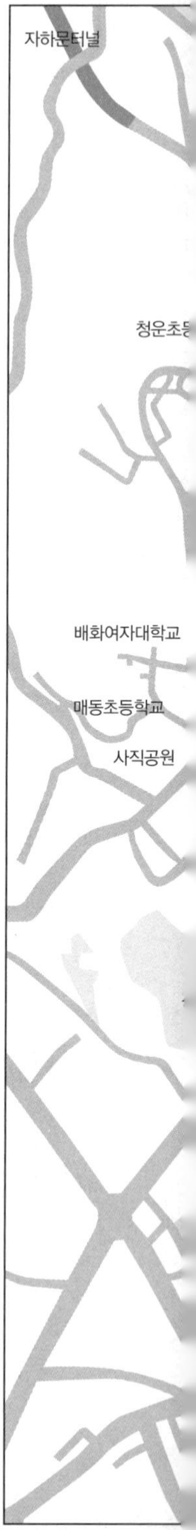

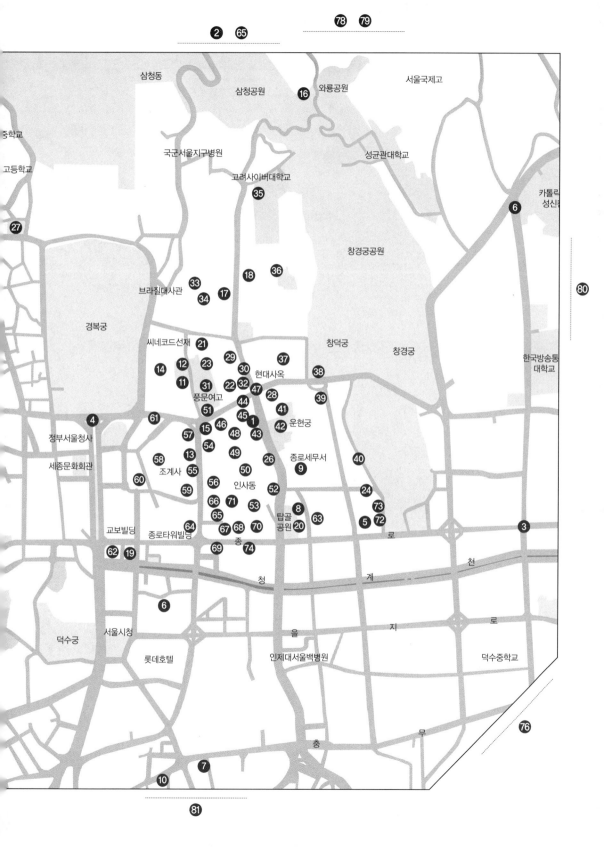

삼청동

삼청공원 ⑯ 와룡공원

서울국제고

중학교

국군서울지구병원

성균관대학교

고등학교

고려사이버대학교

⑳⑦

⑥

카톨릭
성신청

창경궁공원

⑧⑥

브라질대사관 ③③ ⑰
③④

⑱ ③⑥

경복궁

창덕궁 창경궁

한국방송통
대학교

⑧⓪

씨네코드선재 ②①

⑭ ⑫ ②③ ②⑨
⑪ ③① ②② ③②
⑪ 풍문여고 ③⑦
④④ 현대사옥 ③⑧

창덕궁

⑤① ④⑦ ②⑧
⑥① ④⑤ ① ④① 운현궁
④ ⑤⑦ ⑮ ④⑥ ④③ ④②
정부서울청사 ④⑧ ③⑨
세종문화회관 ⑤④
⑤⑧ ⑬ ④⑨
조계사 ⑤⑤ ②⑥ 종로세무서
⑥⓪ ⑤⑥ ⑨
⑤⓪ 인사동 ④⓪
⑤⑨ ⑤②
⑥⑥ ⑦① ⑤③ ②④
⑥⑤ ⑧ ⑦③
교보빌딩 ⑥④ ⑥⑦ ⑥⑧ ⑦⓪ 탑골 ⑤ ⑦②
종로타워빌딩 ⑥⑨ 종 ⑦④ 공원 ⑳ ⑥③ ③
⑥② ⑲

청 계 천

⑥

을 지 로

서울시청

롯데호텔 인제대서울백병원 덕수중학교

덕수궁

충 무

⑦ ⑦⑥

⑩

일러두기

1. 각 항목에 표기된 주소는 도로명 주소를 기본으로 하고 괄호 안에 지번 주소를 표기하였다.

   (예) 천도교중앙대교당 → 서울특별시 종로구 삼일대로 457 (경운동 88)

2. 현재의 도로명 주소와 일대 일로 대응하지 않는 일부 사적지는 가장 가까운 곳의 주소를 표기하였다.

   (예) 해월신사(최시형)의 순도지 → 서울 종로구 돈화문로 26 (묘동 56)

3. 현재는 존재하지 않는 주소이거나 명확한 위치를 확인할 수 없는 일부 사적지는 과거의 주소를 그대로 표기하였다.

   (예)다동 의암성사(손병희) 댁 → 한성부 남서 광통방 상다동 2통 10호

4. 한글을 기본으로 하되 이름과 고유명칭, 한글만으로 뜻이 모호한 경우 괄호 안에 한자를 병기하였다.

   (예)김연준(金連俊)

   다만 일부 원문을 그대로 인용한 부분은 한자로만 표기한 부분도 있다.

   (예)봉황각에서 의암성사가 독서를 하는 모습을 이종린은 "黃葉西風更急 主人無語下書樓"라고 시로 쓰고 있다.

5. 본 책에 언급된 사적지는 저자가 직접 찾아가 확인하고 기술한 것이지만 작성 시기 이후로 달라진 부분들도 있을 수 있다. 또한 이 책에 기술된 내용, 특히 주소와 지명, 인명, 날짜 등에 있어 최대한 정확을 기했지만, 과거의 자료 중에는 같은 지명·인명·사건·날짜 등을 서로 다르게 표기한 경우도 있고 근거 기록을 찾기 어려운 경우도 있었다. 이런 오류의 가능성에 대해 독자들의 양해를 구한다.

머리말

150년간의 역사를 기록하고 있는 천도교 사적지라고 하면 경기도와 강원도, 그리고 삼남(경상·충청·전라) 지방 곳곳에 있는 동학 시대의 수운대신사(최제우)와 해월신사(최시형)에 관련된 유적을 생각하게 된다. 먼저 수운대신사 관련한 곳으로는 용담정을 비롯한 생가 터(유허비), 을묘천서(乙卯天書)를 받은 울산시 유곡동 여시바윗골(초가와 초당), 양산시 상북면 용연리 천성산 적멸굴, 「논학문」, 「권학가」, 「도수사」 등을 저술한 남원 교룡산성의 은적암, 남원에서 돌아와 머물렀던 경주시 서면 회리마을(회곡), 화결시를 지은 포항시 흥해읍 매곡동 손봉조의 집터, 문경읍 상촌리 조령, 대구시 남산동 부근의 광덕당(廣德堂) 등을 들 수 있다.

해월신사 관련한 곳으로는 황오동 생가 터, 마북동 검곡(劒谷, 금등곡), 울진군 죽변리(蔚珍郡 竹邊里), 예천군 수산리(醴泉郡 水山里), 상주군 동관암, 울진군 죽현리(竹峴里), 영양군 용화동(龍化洞) 댓치, 영월군 직동, 영월군 소밀원, 단양 장현곡, 아들 세정(世貞)이 체포된 인제 귀둔리, 1874년 1월 박씨 부인이 환원한 정선군 미천리, 1873년 10월 기도를 행한 정선군 적조암, 1874년 「용시용활(用時用活)」을 설법한 단양군 사동, 1878년 개접(開接)의 글을 발(發)한 정선군 무은담, 1860년 『동경대전』을 펴낸 인제군 남면 갑둔리, 1861년 6월 『용담유사』를 간행한 단양군 남면 천동(샘골), 1883년 2월 『동경대전』 경주판을 펴낸 목천군(木川郡) 구내리(區內里), 1884년 6월 익산군 미륵산 사자암(獅子庵), 1884년 10월 공주 가섭사, 1885년에 은거한 보은 장내(報恩 帳內) 및 영천군(永川郡) 화계동(花溪洞), 1885년 상주군(尙州郡) 화령면(化寧面) 전성촌(前城村), 1889년 7월 괴산군(槐山郡) 신양동(新陽洞) 및 간성군(杆城郡) 왕곡리(旺谷里) 김하도(金河圖)의 집, 1889년 11월에 「내수도문」을 지은 금산군(金山郡) 복호동(伏虎洞) 김창준(金昌駿)의 집, 1890년 3월 충주군 외서촌(外西村) 보평(洑坪), 1891년 12월 공주군 신평리에서 외서촌(外西村),

1890년 7월 인제군 성황거리 이명수(李明秀)의 집, 1890년 10월 「임사실천십개조」를 반포한 진천군 용산리(금성동) 및 1892년 1월 진천군 부창리(扶昌里), 전주(완주) 참례역(參禮驛), 인제군 느릅정, 치악산 수레촌, 상주 높은터, 이천 앵산동, 여주 전거론, 원주 송골, 여주군 천덕산의 묘소 등을 꼽을 수가 있다.

동학 시대 의암성사와 관련된 곳은 1897년 의암성사가 해월신사로부터 도통을 받은 여주군 강천면 도전리(전거리), 21일기도를 한 예천군 용문사. 그리고 최근에 확인된 1899년 은거하던 당진시 수청동(모동-띠울마을)의 고택을 유적으로 들 수 있다.

그러나 동학을 천도교로 선포하고 1906년 2월 서울에 천도교중앙총부를 설립한 이후 지금까지 대부분의 활동은 서울을 중심으로 하였다. 서울의 천도교 사적지로 대신사출세백년기념관을 비롯하여 보문관과 만세보사가 있던 회현동, 중앙총부가 있었던 다옥정, 면주동(낙원동), 수표교 부근의 홍문동 한옥기와집, 현재 덕성여중이 있는 송현동, 전동(수송동)의 보성학교와 보성사, 숭인동 상춘원, 관훈동 동덕여학교, 가회동 의암성사 집터, 춘암상사 집터 등은 모두 사라져 현재 남아 있는 천도교중앙대교당과 우이동 봉황각을 제외하면 거의 대부분 유적으로 남아 있는 것이 없다. 또한 거대한 도시가 된 서울에서 광화문 앞 복합상소 때 남산 최창한의 집, 송파 이상하의 산, 홍문동(수표교 부근) 중앙총부 자리, 대사동 의암성사 집터, 궁정동과 내수동 춘암상사 집터, 마포 보창학교 및 삼호보성학교, 용산 양덕학교 및 청파 문창학교 등의 사적지는 찾을 길이 없는 역사 속의 기록일 뿐이다.

천도교중앙대교당이 자리하고 있는 경운동 지역은 서울의 한복판으로 개항 이후 우리나라 근대사가 이루어진 산실이 산재해 있는, 역사적이나 문화적으로 매우 중요한 지역이다. 그래서 천도교중앙대교당은 인사동과 북촌을 찾는 외국인 관광객은 물론 내국인들도 반드시 들르는 관광 코스가 되어 있다. 현재 서울특별시에서 많은 역사 문화 관련 유적을 기념하는 장소의 표석을 설치하여 관리하고 있지만 그중에서 천도교 관련 표석으로는 종로3가의 해월신사 순도 터, 가회동 의암성사 집터, 수송공원의 보성사 터, 천도교중앙총부 정문 옆 이종일 집터, 그리고 위치가 잘못된 상춘원 터 정도에 불과하여 천도교 홍보를 위한 안내 책자가 반드시 필요한 상황이다. 특히 중앙대교당의 시일식에 참석하는 천도교인 중에도 1970년까지 경운동에 있었던 대신사출세백년기념관은 물론 중앙대교당에 대한 역사를 모르는 것을 보면 안타까움을 금할 수가 없다.

천도교중앙총부에 소장되어 있는 귀중한 사진, 중앙대교당을 중심으로 한 지역과 북촌 일대를 필자가 직접 샅샅이 확인하면서 자료를 모아 보았다. 역사 기록에 나타나 있는 천도교 관련 사적을 일일이 찾는다는 것은 역부족이었으나 최선을 다하여 노력하였다. 편제는 현존하는 경운동 대교당과 우이동 봉황각을 제외한 천도교 사적(사적지)을 연대순으로 하였다. 그리고 천도교 관련 이외의 북촌 지역, 경운동 지역, 종로 지역 등에 산재해 있는 근대사의 발자취를 알리는 표석을 찾아 독자들에게 도움이 되도록 하였다.

말미에는 수많은 천도교인이 옥고를 치른 서대문형무소, 여주군 해월신사 묘소, 포천 춘암상사 묘소, 포천 천도교회공원묘지, 망우리묘지, 서울현충원 등의 자료를 찾아 천도교인들에게 참고가 되도록 하였다. 아직 천도교 안내서로 완전하지는 못하겠지만 천도교인은 물론 중앙대교당과 북촌 일대를 찾는 분들에게 천도교의 근현대사를 알리는 데 작은 도움이 되기를 바란다.

2017년 8월 경운동에서

이동초

보국안민 발길로 서울을 걷다

제2부 보국안민, 서울에 흐르다(북촌 지역) ——————— 201

천도교중앙대교당

1. 천도교중앙대교당, 천도교중앙총부, 대신사백년기념관, 수운회관

서울특별시 종로구 삼일대로 457 (경운동 88)

1905년 12월 1일 의암성사(손병희)는 교당 건축 광고를 통해 동학을 천도교로 선포하면서 교회당을 세우는 것이 바로 종교의 표준이라 하였다. 그래서 1906년 1월부터 회현방(會賢坊)에 육임소를 설치하게 하고, 박인호, 이종훈, 홍병기 등에게 사무를 보도록 하였다. 1906년 1월 28일 일본에서 귀국한 의암성사는 2월 1일부터 종령을 발표하면서 3월에는 전국에 72개 대교구를 조직하여 원직과 주직을 임명하는 동시에 교당 건축을 추진하였다. 현재 천도교의 본산으로 상징되는 경운동의 중앙대교당이 1921년에 건축되기 이전의 교당 건축에 관한 역사를 돌아보도록 하자.

중앙총부에서는 교당 건축을 위해 1906년 5월 1일부터 〈종령 제25호〉를 통해 각 개인이 한 달에 10전씩을 교구에 내도록 하여 재정을 마련하였다.* 그리고 6월에는 천도교중앙총부에서 계산(桂山) 동쪽 언덕에 교당을 건축하려고 한성부에 청원을 하였는데 마침 그곳에 춘어원(春御苑)이 포함되어 있다는 이유로 인허를 해 주지 않았

---

* 教堂은 形式이라 其在修敎에 雖無關契나 其爲世界大 標準이 孰此爲先이리오.……且以個人面目으로 言하면 以1個月 十錢金이므로 建一大敎堂이 實屬快擧라.〈종령/제25호〉1906.5.1

다. 그러나 계산학당(桂山學堂)은 인허가 없이도 그곳에 건축하는 것을 보고 천도교에서는 다시 궁내부(宮內府)에 청원하였으나, 계속 인허를 미루기 때문에 궁내부 대신서리 이용태(李容泰)에게 공함(公函)을 발송하였다. 그제서야 궁내부에 청원된 교당 건축을 대신 이재극(李載克)이 상주(上奏)하여 고종 황제가 다른 곳에 건축 기지를 마련해주도록 명하였다. 이에 따라 교당 부지는 10월 15일 궁내부 대신 이근상(李根湘)이 황칙(皇勅)에 따라 남문 밖 남왕관묘(南王關廟)† 건너편에 있는 연소정(燕巢亭) 뒤쪽 산기슭에 궁내부의 인허를 내 주어 1906년 10월 16일에 기지 측량을 착수하게 되었다. 또이때 중앙총부에서는 황상성은(皇上聖恩)을 배(拜)하고 궁상(宮相) 주선을 사례하였다. 그리하여 1906년 10월 22일 12시 대남문외 도동(挑洞) 영수산(靈壽山) 관묘의 북쪽 산기슭에서 대도주 의암성사가 직접 참석하여 개기치성식(開基致誠式)을 거행하였다.‡

그러나 당시의 통감부 문서를 보면, 1909년 4월에 이르기까지 건축비 2만원 중에서 교인들이 마련한 금액은 2천원에 불과하여 공사를 못 하고 있었음을 알 수 있다.§

이와 같이 영수산에서 개기식까지 거행하고도 교당을 건축하지 못한 채로 중앙총부를 1906년 2월 16일에 상다동(南署 廣通房 上茶洞 2統 10戶) 홍문석골[紅門洞]에 설치하여 '천도교중앙총부' 현판을 달았다.

그 후 중앙총부가 이전한 교회 기록을 보면, 1907년 6월 청인 동수태의 집에서 월

---

* 계동에 있던 桂山學堂은 계산보성초등학교로 천도교(설립자 박인호)에서 설립한 것으로 보이나 학교 운영에 대한 자료는 발견할 수 없다. 《동아일보》1925.8.29⑵ 主人 갈린 普成普校 이제부터서 西本願寺에서 경영. 전 설립자 朴寅浩 氏의 명의를 南西嘉彦 氏로 명의변경 신청

† 관우(關羽)신앙의 본산인 동관묘가 동대문 밖에 있다. 중국의 무신(武神) 숭배인 관우신앙은 한말까지 왕성하여 이 동관묘 말고도 남대문 밖 도동(桃洞)에 있던 남관묘(南關廟), 명륜동1가 2번지에 있었던 북관묘(北關廟), 서대문 밖 천연동의 서관묘(西關廟), 종로 보신각 뒤에 있었던 중관묘(中關廟)를 비롯, 전국 각지에 산재돼 있었는데 현재에는 오직 동관묘 하나만이 보존되어 있을 뿐이다.

‡ 천도교당 개기식《萬歲報》1906.9.23 ⑵

§ 天道敎祖 孫秉熙ハ天道敎堂ヲ南大門外ノ南關王廟前ニ建立セント目下準備中ノ由ナリ而シテ該建築費ノ豫算ハ約二萬圓ニシテ大韓每日申報社ノ主筆ニシテ該敎ノ信徒ナル梁起鐸ハ其内ニ二千圓ヲ補助ストノ說アリ事實ナルカ如シ 天道敎堂建築ノ件 문서번호 憲機第693號 발송일 明治42年4月5日

세로 있다가, 8월에 대사동으로,* 9월에 중서 정선방 면주동(中署 貞善坊 綿紬洞-낙원동 명주전골)으로,† 1908년 4월에 남부 대평방 홍문동(南部 大平坊 弘門洞 5統)‡ 수표교 부근의 큰 기와집으로 이전하였다. 1907년 9월의 면주동과 1908년 4월의 홍문동 기와집으로의 이전은 확실한 위치가 확인되지 않는다.

중앙총부는 1910년 가을에는 경성(京城) 북부(北部) 대안동(大安洞) 40통(統) 4호(戶)에 2층 건물을 지어 이곳으로 이전하였다.§ 그런데 대안동은 1914년 4월 1일 행정구역 통폐합에 따라 송현동(松峴洞) 34번지로 지명이 변경되었으며¶ 이곳에는 현재 덕성여자중학교가 자리하고 있다.

송현동에 신축한 2층 건물은 중앙총부 본관으로 사용하였는데, 사진은 남아 있으나 애석하게도 신축에 관한 기록은 찾을 수가 없다. 그런데 중앙총부가 대안동과 송현동에 있을 때에는 중앙총부의 본관으로서 사용하였을 뿐 집회할 만한 공간은 없었던 것으로 보이며, 다만 각종 기념식을 '중앙총부성화실'에서 거행하였다는 기록으로 보아 1층을 집회 장소로 사용하였던 것으로 추측된다. 중앙총부는 1921년 2월에 경운동에 신축한 본관 건물(현재 우이동에 있는 별관 건물)로 옮겼고, 1922년 9월에 낙원동에 있던 보성전문학교가 송현동 중앙총부 자리로 이전하였다가 1934년 9월 29일에 안암동으로 떠날 때까지 자리하였다.

---

* 1906년(포덕 47) 9월 25일 의암성사 댁 中署 寺洞 19統 8戶로 이전하다 《만세보》 1906.9.26(2)

† 춘암상사가 의암성사로부터 제4세 대도주의 종통을 선수받은 곳이다.

‡ 중앙총부를 茶屋町에 설치하였다가 곧 수표동의 큰 한옥으로 옮겼다. 『신인간』 1975.4.10/4월의 추억-孫溶嬅

§ 是秋에 大層新屋을 京城 安洞에 築하고 中央總部를 移轉하다. 『천도교회월보』 1921.2.15/大道主67年史

¶ 1914년 4월 1일 京畿道告示 제7호로 경성부 관내의 186개동의 명칭을 새로 제정하면서 송현 벽동 일부와 고리정동을 합하여 송현동이라 하였다. 제2권 [洞名沿革攷] 서울특별시사편찬위원회 1992.2.27.

천도교중앙총부 부지 매입 현황

매입일자	동지번	소유	토지	건물	평수 및 건평	매입가	비고
1916.10.30	경운동 88	尹致昭	대지		1,397坪	20,000円	부동산 가격 24,000円
				목조기와	136坪-6合8勺		
				〃	13坪-		
				〃	7坪-8合-2勺		
				〃	7坪-8合-1勺		
				〃	9坪-4合-8勺		
				목조연와	35坪-7合-3勺		
				〃	62坪-8合-5勺		
				양철지붕	68坪-4合-3勺		
				양철지붕	9坪-3合-6勺		
1918.3.10	경운동 84	柳海昌	대지		71坪-	1,000円	
1918.4.5	경운동 78	李秉穆	대지		50坪-	600円	과세표준 720円
				목조초가	13坪-1合-4勺		
				부속가옥	6坪-6合-8勺-5才		
1918.6.24	경운동 88-1	경성부	대지		30坪-	510圓	불하
1918.10.27	경운동 76	金在淳	대지		30坪-	700円	과세표준 850円
				목조기와	15坪7合5勺3才		
1918.12.20	경운동 80	李基煥	대지		28坪-	450円	과세표준 500円
				목조초가	12坪7合7勺		
1921.2.3	경운동 82	金弘心	대지		11坪-	300円	
				목조초가	6坪-3合-3勺		
1921.8.26	경운동 78-1	경성부	대지		18坪-	243円	불하
	경운동 80-1				7合	9円45錢	
	경운동 82-1				5坪-3合	71円55錢	
1921.8.30	경운동 85-1	경성부	대지		11坪-	148円50錢	불하
1922.9.20	경운동 77	金永倫	대지		50坪-	4,200円	과세표준 5,200円
	경운동 79				40坪-		
	경운동 83				12坪-		
	경운동 86				36坪-		
	견지동 11-4				5坪-9合		
1923.9.5	경운동 87	徐廷旭	대지		37坪-	1,000円	1,500円
合計			(17) 필지		1,832坪09合	29,232円05錢	

천도교중앙대교당(사진 왼쪽)과 경운동 천도교중앙총부 건물. 중앙총부 건물(사진 오른쪽)은 현재 우이동 봉황각의 별관으로 옮겨졌다.

(1) 중앙대교당과 천도교중앙총부 본관

천도교중앙총부는 1918년 4월 5일 천일기념일을 기하여 의암성사를 비롯한 140여 명의 교역자들이 참석한 가운데 부구총회(部區總會)를 개최하고 교당 건축을 협의하였다. 이 총회에서는 교당을 신축하여 시천교보다 발전을 기하고, 신축 자금은 전국 교인들의 성금으로 충당할 것을 만장일치로 결의하였다.* 이에 따라 전국 교인들

---

* 1918년 4월 5일 천일기념일에 중앙대교당 신축 발의를 하다. 『의암성사 전기』 천도교당 건축의 건 〈통감부 문서〉憲機 제1555호,1909.8.6

에게 호당 10원 이상을 성금으로 낼 것을 종령(宗令)으로 반포하여 모금을 시작하였다. 1918년 8월부터 12월까지 전국 각 교구에서 모금하여 중앙총부에 납부한 금액은 8만6천여 원에 달하였다. 그런데 교당 건축 성금을 독립 자금으로 의심한 일제는 이를 기부행위금지법 위반이라 하여 총감부에서 교당 건축에 관한 지출부를 압수해 가고 이미 모금된 성금을 각 교구에 되돌려 주라고 지시하였다. 이에 중앙총부에서는 1919년 2월에 4만원을 각 교구에 우편환으로 송금해 주고, 나머지는 4월 5일 천일기념일까지 납부되는 연성미와 상계하여 모두 반환해야 했다.[*] 그러나 천도교인들은 왜경의 감시를 피해 거짓으로 성금을 돌려받는 것처럼 하면서 실제 각 교구에서 영수증을 보내오는 등의 방법으로 계속 모금 운동을 펼쳤다.

이와 같이 중앙총부에서는 전국적인 모금을 통해 교당 건축 자금을 마련하는 한편 연전(年前)에 마련한 경운동 부지가 건축 부지로는 협착하여 부득이 현관 앞쪽에 있는 가옥 10여 채를 매입하였다. 교당 부지는 당초 계획으로는 안국동(현재 트윈트리타워 건너편)에 교당 부지를 마련코자 하였으나 여의치 않아 1916년 10월 30일 경운동 88번지에 있는 윤치소(尹致昭-尹潽善 前 大統領의 父)의 소유 대지 1,397평(가옥 9채 포함)을 20,000엔(円)에 매입하였다. 그리고 대교당이 완공된 후에 주변의 대지를 매입하여 총 1,832평의 경운동 부지를 마련하게 되었다.

그리고 드디어 1918년 12월 1일 동학을 천도교로 선포한 제13주년 교일(敎日)기념일을 맞아 경운동의 건축 기지에서 대종사장 정광조가 참석하여 개기식(開基式)을 거행하였다.[†] 그런데 교당 부지를 왜 하필이면 경운동에 정하였는가 하는 의문이 있어 왔는데 당시에 적당한 부지를 물색하다가 천도교 성지인 경주(慶州)와 수운대신사(水雲大神師)에서 '경(慶)' 자와 '운(雲)' 자로 이루어진 경운동(慶雲洞)으로 정했다고 한다.[‡]

* 금융관장 盧憲容의 3·1독립운동 헌병대 조서(2회)
† 「천도교회월보」 제89호, 1917.12.15
‡ 경주수운대신사와 경운동천도교당 /박달성 「교회월보」 126호, 1921.2.15

천도교중앙대교당 3층에서 4층으로 올라가는 달팽이 계단

천도교중앙대교당 천장의 등

500개의 좌석이 있는 천도교중앙대교당 내부 전경

88번지 및 10여 개의 지번으로 되어 있는 1924년 경운동 지적도

원래 대교당은 1918년 12월 1일 교일기념일에 맞춰 개기식을 갖고 공사를 시작하여 1920년 4월에 낙성할 계획이었으나, 일제의 건축 허가 불허*와 1919년 3·1운동으로 공사가 지체되었다가, 1920년 2월에서야 겨우 공사를 시작할 수 있었다. 3·1운동 때에는 대교당의 건축 설계를 마친 상태였는데 오영창이 공사를 지휘하여 완공을 보게 된 것이다.[†] 오영창이 공사를 맡아 지휘한 것은 의암성사가 3·1운동 때 오영창(吳榮昌)에게 독립운동에는 참가하지 말고 교회에 남아서 대교당 공사를 맡으라고 지시했

---

* 1918년 7월에서야 일제는 교당 건축비 30만원을 15만원으로 축소하여 허가하였다.《매일신보》 1919.1.14
† 吾道의 현명과 교당 건축의 감상/최안국 「천도교회월보」 제103호,1919.3.15

건축 중인 중앙총부 본관 건물

중앙대교당 기지를 정지하였던 돌. 현재는 중앙대교당 앞마당 은행나무 밑에 놓여 있다.

기 때문이었다.*

그 후 대교당의 공사 진행에 관한 자세한 자료는 없으나 1920년 12월 일간지에 실린 기사를 보면, 대교당의 설계자는 공학박사 나카무라 요시헤이(中村與佐平)이며 시공자는 중국화상총회장 장시영(張時英), 총감독은 일본인 기사(技士) 후루다니(古谷虎市)로 되어 있다.

대교당과 중앙총부 본관 사무실의 총공사비는 203,800여 원이며 그 밖에 정지작업비[場內地均費]와 담장 및 정문 신축비가 수만 원은 소요될 것이라 하였다. 건평은 약 3천 명을 수용할 수 있는 대교당이 130평이고, 2층으로 건축되는 사무실(중앙총부 본관)은 199평이며, 그 외에 10간의 조선식의 숙직실이 있었다. 대교당과 사무실은 이미 1920년 12월 말에 준공되었고, 정원 담장과 정문 공사와 내부 장식 공사가 현재 진행 중이라고 보도하고 있다.†

대교당 건축에 관한 교회 자료를 보면 대지 총면적은 1,824평이고, 대교당은 육옥근위 4층 건물로 건평은 1층 703.47㎡(212坪 8合), 2층 150.74㎡(45坪 6合), 3층 47.60㎡(14坪 4合 4勺), 4층 25.92㎡(7坪 8合 4勺)으로 총건평은 927.73㎡(280坪 6合 8勺)에 이른다.

중앙총부 본관은 연와조 석회와위 2층으로 건평 199평 1홉 2작이며, 부속 건물인 숙직실은 목조와위 평가건물 18평, 제1창고 연와조석회와위 16평, 제2창고 목와조 평가건물 4평 8홉 5작, 제1변소 연와조 평가건물 10평 8홉, 제2변소 연와조 평가건물 5평 2홉 등으로 기록되어 있다.‡

대교당과 중앙총부 본관을 건축하는 과정에서 어려움이 많았는데, 특히 1919년 3·1운동으로 중앙총부 간부들 대부분이 투옥되어 교회가 마비된 상황에서 공사를 하였기 때문에 그 고충을 짐작하고도 남음이 있다. 1920년 9월에는 건축 공사장에

---

* 2백만 교도의 통솔자 손병희(회고) /권동진 『三千里』 제7권 제5호, 1935. 6. 1
† 《조선일보》 1920. 12. 18. 석간 4면/공사 경과/석간 2면/천도교회당 공사.
‡ 『새인간』 제4호, 1965. 10. 25, 『신인간』 1973. 8. 10/大敎堂 重修記

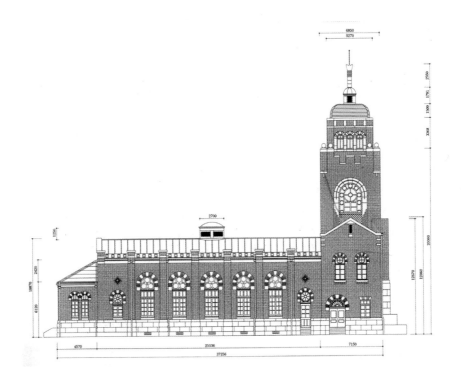

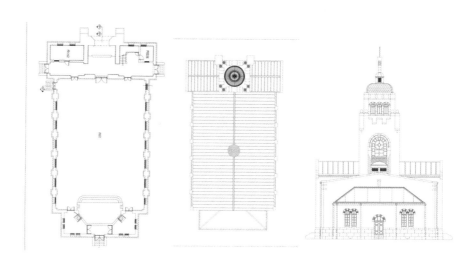

천도교중앙대교당 건축 도면

1921년 4월 5일 중앙대교당 준공식을 겸한 제62회 천일기념식에는 전국에서 교인 4천여 명이 참석하였다.

경운동에 사는 김길헌(金吉憲)이라는 도둑이 들어와 7원 50전어치 송판을 훔쳐 가는
일이 발생하기도 하였다.*

　어려운 난관을 극복하고 대교당과 본관의 건축이 진행되어 결국 1920년 12월에
준공되었고, 이듬해 2월 28일에는 송현동에 있던 중앙총부를 비롯한 교회월보사, 청
년회, 개벽사 등이 경운동 신축 총부 본관 건물로 이전하였다.† 그런데 대교당이 낙
성된 정확한 일자를 찾을 수 없는데도 낙성 일자가 1921년 2월 28일로 알려져 있다.
3월 10일의 대신사순도대기도식을 송현동 성화실에서 봉행하였고, 경운동의 신축

---

* 《동아일보》 1920.9.25 면수03

† 『천도교회월보』 제127호, 1921.3.15/중앙총부휘보-/천도교중앙총부 이전

1922년 1월 18일 춘암 박인호 교주 취임식이 중앙대교당에서 거행되었다. 당시에는 바닥에 앉아서 행사를 하였다.

중앙대교당에서의 최초 행사가 4월 5일의 천일기념식이었던 것으로 보아 1921년 2월 28일은 중앙총부의 이전 일자를 교당 낙성일로 잘못 기록한 것으로 보인다.

당시 대교당이 종로 한복판 경운동에 세워지자 장안의 명물이 되었는데 1931년경의 잡지 기사를 보면 다음과 같이 전하고 있다.*

"대교당은 중간에 기둥 하나 없이 훈련장 같이 넓은 마루에 2천5백 명 이상 약 3천 명이나 들어앉을 수 있는 조선에 하나밖에 없는 집이며, 이 집 4층 누각에 올라가면 온 장안 집집마다 앞뒤 마당까지 들여다보이는 것도 이야기거리입니다. 공사비는 36만원으로 기미년에 건축. 이 마당에는 이런 큰 집이 또 두 채나 있습니다."†

---

* 대건물 구경. 천도교중앙교당 (京城) 『별건곤』 제38호, 1931.3.1
† 중앙총부 본관과 1924년에 건축된 대신사출세백년기념관을 말한다.

1922년 6월 5일 의암성사(손병희) 영결식에 참석한 교인들이 천도교중앙총부 본관 앞에 모여 있다. 이때의 영결식이 천도교중앙대교당에서의 유일한 영결식이다.

1922년 6월 5일 의암성사 영결식장인 천도교중앙대교당 앞에 모인 교인들

교인 수천 명이 참석한 가운데 의암성사의 영결식이 천도교중앙대교당에서 거행되었다.

의암성사 영결식장인 천도교중앙대교당에 들어가지 못한 교인들이 밖에 모여 있다.

천도교중앙대교당에서 의암성사 영결식을 마친 후 우이동 장지로 출발하는 영구

1922년 6월 12일 평화서천식(平和誓天式)에서 청수를 모시는 광경

1922년 8월 31일 의암성사 환원 105일 기도식이 천도교중앙대교당에서 거행되었다.

1922년 8월 1일~31일 천도교중앙대교당에서 전국 교구 대표위원회가 한 달간 개최되었다.

중앙총부가 송현동에 있을 때는 교당이 없이 중앙총부성화실만 있어 이곳에서 집회를 하여 큰 불편을 겪어 왔는데, 이제는 거대한 천도교당과 중앙총부본관을 따로 갖게 되었다. 그 후 1924년 10월에 건축된 대신신사백년기념관과 함께 경운동에 천도교의 본거지를 확보하게 된 것이다.

(2) 대신사출세백년기념관

1923년 8월 14일 중앙총부에서는 지일(地日)기념일을 맞아 총부 본관 앞에 대신사출세백년기념관(大神師出世百年紀念館)을 건축하기로 결정하고 대도주 박인호를 위원장으로 하는 '대신사출세백년기념회'를 조직하였다. 그 후 기념회는 수개월에 걸쳐 기념회원을 모집하고, 1교호(敎戶)당(當) 1원씩의 성금을 모아 3만5천원을 마련하여 1924년 6월 27일에 기공식을 가졌다.* 백년기념관 설계는 이훈우(李醺雨)가 하였고 공사는 일본인 나카무라 우메키치(中村梅吉)가 맡았는데 앞쪽으로 2층, 뒤쪽으로 1층의 연건평 184평짜리 건물이다.† 교회에서는 1천 명 이상을 수용할 수 있는 이 백년기념관을 일반에게 무료로 제한 없이 제공하기로 하였다.

1924년 10월 28일 수운대신사 탄신 백주년을 맞아 이날 신축 중인 기념관에서 기념식을 거행하였고, 3개월이 지난 1925년 1월 27일 완공되면서 일반에 공개되어 장안의 화제가 되었다.‡

이와 같이 서울 경운동에는 중앙대교당과 총부 본관, 백년기념관 등이 자리를 잡아 명실상부한 천도교중앙총부로서의 모습을 갖추게 되었다. 대교당과 백년기념관은 시일식이나 기념식 같은 교회 행사 이외에도 민족운동 단체의 강연회를 비롯하여

---

* 성금록 「대신사출세백년기념관성금록」 중앙총부 보존
† 백년기념관은 연와조 함석 위 2층, 건평 184평 1홉으로 「새인간」 제4호,1965.10.25
‡ 일반 공용에 제공할 준공되는 천도교기념관) /紀念館無料提供. 어떤 단체 무슨 일에든지 무료로 빌릴 터/ 최린 씨 담 《동아일보》 1924.10.25 (2)

大道教祖水雲大師
百年紀念館落成
오는 이십칠일부터 삼일간
긔념식과 락성식을 거행해
朝鮮初有의 大集會場

1924년 건축 중인 대신사출세백년기념관

1924년 대신사출세백년기념관 건축 후의 경운동 전경

음악회, 무용발표회 등의 예술 공연과 복싱, 유도 같은 체육 경기 등의 집회 공간으로 특히 천도교소년회와 소년운동협회 사무실로 사용되는 등 수난의 근대사를 엮어가는 산실이 되었다.

(3) 성신여자대학교와 한양대학교 개교

그리고 1935년 5월 6일 이숙종이 남감리교에서 14년간 운영하던 태화여학교를 인수하였고 성신가정여학교(성신여자대학교의 전신)로 인가를 받아 1936년 4월 28일 대신사출세백년기념관에서 개교하였다.[*] 60여 명의 학생들이 기념관의 넓은 강당에 병풍을 치고 판자로 칸을 막아 교실을 만들어 사용했다. 1937년에는 본과 이외 보수과가 특설되었고 공식적인 정원이 90명으로 학생 수가 증가하여, 기념관에서 제1회 졸업생을 배출하고 1937년 8월 6일 견지동의 시천교 소유 건물로 이전하였다.[†] 1938년 3월 29일 성신가정여학교의 설립을 보게 되었고, 1940년 9월 성북구 돈암동 173번지를 학교 부지로 매입, 1942년 5월에 학교를 짓기 시작하여 1944년 여름 돈암동으로 이전하였다.[‡]

1938년 5월 24일에는 경성무선공과학원이 보증금 2천원에 임대차계약을 체결하고 7월 10일에 백년기념관으로 이전하여 전기과, 토목과, 건축과를 증설하고 개학하였다. 1936년에 송용근(宋龍根)이 창설한 경성무선공과학원은 무선통신 기술자를 양성하였으며 서상호(徐相灝) 등의 후원으로 이사회를 조직하였는데, 혜화동의 교사가

---

[*] 「성신가정여학교 기념관 내에서 개교」여류 교육가 이숙종이 태화여학교를 인수하여 '성신가정여학교(誠信家政女學校)'로 인가를 받아 천도교기념관 내에서 이종린의 알선으로 개교를 하였다. 28일 기념관 뜰에서 성신여학교 개교식을 거행하였는데 이때 60여 명의 학생들이 넓은 기념관 안에 판자로 칸을 막아 교실로 사용하였다. 그리고 제1회 학생을 배출한 후로는 교실이 부족하게 되었다.《朝鮮中央日報》1936.5.6 2면 /새로이 개교한, 성신가정여학교, 이숙종 여사 활동으로, 각과 설치 면목일신.

[†] 「천도교중앙종리원 도령실 일지」 1937.8.5

[‡] 「성신여자대학교 약사」 성신여자대학교

협착하여 기념관으로 이전, 1939년 6월까지 교사로 사용하였다.[*]

또한 1939년 7월 1일에는 김연준(金連俊)이 설립한 우리나라 최초의 공과대학인 동아공과학원(漢陽大學校 전신)을 이곳 백년기념관에서 개교하였다. 처음에 토목과, 측량과, 광학과 등 3개 학과 630명을 모집하여 1941년에 제1회 졸업생을 배출하였으며, 1944년 9월 21일 서대문 조선문화원 자리로 이전할 때까지 5년 3개월 동안 백년기념관을 교사로 사용하였다.[†]

그러나 한편으로 일제 말에 이르러서는 교회 재정 형편상 매각까지도 고려하는 처지에 놓이기도 하였다. 천도교회는 3·1운동 이후 일제의 탄압으로 재정이 악화되어 의암성사의 가족들만 살고 있던 재동 집은 1922년 가을 보성초등학교에 기증하였고,[‡] 춘암상사(박인호)가 살던 가회동 집은 매각하였다. 상춘원도 보성전문학교에 넘겨주게 되었다. 특히 1937년 1월경에 대교당 뒤편에 자리하고 있었던 경성여자의학강습소(현재의 운현궁SK허브 빌딩 자리)에 대교당을 18만원에 매각하려고 하였는데, 춘암상사는 의암성사의 유지라 하여 처분하지 않겠으니 단념하라고 단호하게 거절하였다. 만약 이때 춘암상사가 의암성사의 유지를 저버렸다면 오늘날 대교당의 모습은 찾아볼 수 없을 것이다.[§][¶]

그 후 태평양전쟁 중에는 대교당과 백년기념관이 모두 징발되었는데, 1944년 12월에는 기념관 경내 130평 5홉을 종로구에서 가청사를 건축하여 종로구 호적과로 사용하였고, 대교당은 경기도청에서 징발하여 조선인 김흥배(金興培, 野田)가 군피복공장을 하겠다고 재봉틀과 기자재를 마당에 갖다 놓기까지 하였으나 광복이 되었

---

[*] 《동아일보》 1938.6.11 「도령사일지」 1938.5.24

[†] 동아공과학원이 금일 서대문 조선문화원 자리로 이전하다. 「천도교총부 교령사일지」 1944.9.4/9.21

[‡] 력사오랜 보전초등학교, 신축을 시작 《동아일보》 1923.7.14

[§] 이때 教堂 賣分立에 관한 말씀을 稟한즉 不可라 하시다. 「춘암상사댁일지」 1936.12.21 일자. *대교당을 매각하여 기만원을 적립하자는… 「춘암상사댁일지」 1937.1.9 일자.

[¶] 《매일신보》1937.1.23.(2) /백만 교도의 丹誠의 전당, 천도교본부 매각설, 女子醫講에 18만원으로, 趨移는 주목의 초점 / 과연 撤毁되려는가? 경운정의 뾰족 집, 팔려는 동기는 신수양파 갈등, 울분에 싸인 敎徒.

왼쪽 / 1925년 4월 15일 전조선기자대회가 개최되는 백년기념관
오른쪽 / 조선기자대회 광경. 뒤편에 2층이 보인다.

다. 그리고 다행히 한국전쟁의 전란을 겪으면서도 원형을 그대로 보존하여 왔다.

그러나 중앙대교당은 외관상으로는 원형을 유지하면서도 내부에는 구조적인 문제가 발생하여 1944년에 옥상 콘크리트가 파손되어 누수 공사(시공자 金東洙), 1949년에 지붕 파손으로 비가 새어 함석 복개공사(시공자 安卜淳), 1956년에 한국전쟁 때 폭음으로 4층 종각이 파손되고 피뢰침이 기울어져 종각을 수리(시공자 朴元福), 1965년에는 대교당의 9척 되는 긴 장문으로 된 유리창이 삭아 전체의 창호 높이를 6척과 3척으로 사이를 막아 새로 견고한 창문으로 개체 공사, 1970년에 지붕 파손으로 비가 새어 함석으로 개체 공사, 1973년에 목제 바닥을 뜯어내고 콘크리트로 개체하고 그 위에 인조석 물갈기 공사와 전기배선 및 난방배관 공사(시공자 대륭기업) 등 6차례에 걸친 중

1931년 2월 17일 백년기념관에서 열린 신간회본부 제4주년 창립기념식. 이곳에서는 강연회·음악회 등으로 이용되었다.

수를 하였다.*

　1961년 9월 30일에는 전 행정신문사가 있던 자리에 건평 180평의 2층 백년기념관 별관이 신축되었다. 이 신축 건물은 도시계획에 따라 1968년 9월 백년기념관이 철거될 때까지 1층은 '어린이 시일학교'와 각종 회의실로, 2층은 여성회본부와 서울교구 사무실로 사용하였으며 한동안은 1,2층을 결혼예식장으로 사용하기도 하였다.† 그리고 중앙총부 본관 자리에 수운회관을 건축함에 따라 중앙총부 본관 건물도 기념관

---

*　「신인간」 1973.8.10/대교당 중수기
†　「신인간」 191.12.24/기념관 별관 낙성

1939년 동양공과학교가 개교된 대신사출세백년기념관

천도교의 정문 기둥에 동아공과학교 간판(사진 오른쪽)이 붙어 있다

과 함께 철거되어 우이동으로 옮겨지면서 46년 만에 경운동에서 사라지게 되었다.[*] 이때 대신사출세백년기념관을 보존하지 못한 채 철거하여 아쉬움을 남기고 말았다. 현재 수운회관 앞 계단에는 백년기념관의 박공(牔栱, 합각머리나 마루머리에 八字 모양으로 붙인 두꺼운 널)에 붙어 있던 돌에 새긴 궁을장(弓乙章)이 남겨져 있다.

(4) 천도교 수운회관

수운회관은 1970년 중앙총부 본관이 있던 자리에 건립되었다. 1968년 3월 15일 수운회관건립위원회를 조직하고 1969년 1월 29일 동양건설진흥주식회사와 건축계약을 체결하고 2월 9일 기공식을 가졌다. 홍익대 공학부장 정인국 교수가 설계한 수운회관은 총공사비 394,301,900원으로 철근콘크리트조 평옥개 15층의 회관 및 사무실용으로 건평은 1층부터 6층까지는 각층 728.60㎡, 7층부터 14층까지는 각층 727.01㎡, 옥탑 138.21㎡, 지하실 728.60㎡으로 총건평 11,635.5㎡(3,520평)으로 건축되었다. 단 지하실은 사무실에서 근린생활시설(대중음식점 329.52㎡, 다방 79.29㎡, 기계실 및 공용부분 319.79㎡)로 변경하여 사용하고 있다.

1970년 3월 3층까지 내부 공사가 완료되어 4월 3일 우선 입주식을 거행하였고, 1971년 3월 31일에 가서야 천도교의 중흥을 상징하는 거대한 수운회관이 완공되었다. 수운회관은 한국적인 요소를 가미하기 위해 전돌을 사용한 것이 인상적이며 바깥으로 노출된 양측 계단실은 반원형이다. 건물 기둥의 단면적은 적정 수준보다 큰 1.2m×1.8m 면적으로 중앙 칸 9m를 중심에 두고 3.7m, 7m의 변화 있는 주간(株間)을 구성하였다. 현재 수운회관도 천도교중앙총부의 사무실로 사용될 뿐 아니라 일반에게도 개방하여 회의실, 사무실 등 복합 용도로 사용하고 있다.

---

[*] 「신인간」 1968.10.1/중앙총부 본관 이전식 기념 촬영

1940년 4월 4일 천도교중앙대교당에서 열린 천도교 신구파 합동대회

왼쪽 / 천도교총부의 대리석 간판 (1940년 4월 4일~1955년 10월 14일)
위쪽 / 천도교중앙대교당 주변 제초 정리 모습 (1940년대로 추정)

한편 중앙대교당에서는 반세기에 걸친 세월 동안 교회의 시일식과 기념식 등의 교회 행사를 하였을 뿐 아니라 수많은 사회 단체의 크고 작은 집회 공간으로 사용하여 우리나라 근대사의 명암을 간직하고 있다. 반면에 기념관에서는 강연회를 비롯하여 음악회, 무용발표회 등의 예술 공연과 복싱, 유도와 같은 체육 경기를 많이 하였다.

특히 대교당은 종로에 있는 중앙기독교청년회관과 함께 1920~1930년대에 민족운동 관련 단체의 집회를 담당한 단골 장소가 되었다. 그래서 대교당은 군중이 모이는 때가 많아 항상 일제 당국의 감시 대상이 되어 왔었다. 대교당의 바닥은 처음에는 나무를 깔아 행사 때 바닥에 앉았다. 또 1930년대에 와서는 일본식 다다미를 깔았는데 겨울에는 양쪽에 난로를 피워 난방을 하였다. 그리고 1942년경에 이르러서야 3인용 나무의자를 사용하였는데, 1970년에 일부는 동대문교구와 인천교구에 각각 나눠 주었고 나머지는 우이동으로 가져가 종학원 강의실에서 사용하였으나 현재는 2개만이 남아 있을 뿐이다.

중앙대교당과 중앙총부 본관이 건축된 후 백년기념관이 건축될 때까지 현재 85번지 안에 있는 가옥 다섯 채에는 이종일, 유재풍, 손재기 등의 교인들이 살았다. 그 후 도로 확장으로 중앙총부 본관과 백년기념관이 철거되어 1,832평에 이르던 경운동 경내의 면적은 1,562평으로 줄었고, 이때 88번지를 제외한 백년기념관이 자리하고 있던 대지 8필지의 지번은 85번지로 합병되었으며 현재는 주차장으로 사용되고 있다. 각종 집회를 많이 개최하는 대교당 앞에는 민가다헌과 경인미술관이 접해 있고, 담장 곁에 서 있는 은행나무 두 그루 밑에는 언제나 사람들이 많이 찾는 휴식처가 되고 있다.

천도교중앙대교당은 1978년 12월 18일에 서울시유형문화재 제36호로 지정되었다. 또한 중앙대교당은 2013년 3월 4일 서울북부보훈지청으로부터 천도교소년회사무소 및 이종일 선생 집터와 함께 현충시설(고시 2013-3호)로 지정되었다. 정문 오른쪽에는 〈독립선언서 배부터〉 표석이 세워져 있고, 남쪽 모퉁이에는 〈세계어린이운동 발상지〉라는 기념탑이 있다.

1969년 수운회관을 신축하기 위해
철거 중인 대신사출세백년기념관 전
면 모습

대신사출세백년기념관의 박공에 붙
어 있던 궁을장. 현재 수운회관 계단
앞에 설치되어 있다.

위 / 1969년 철거 중인 대신사출세백년기념관 모습
아래 / 현재의 수운회관

천도교중앙대교당과 수운회관이 있는 경운동 전경

왼쪽 / 천도교중앙대교당과 수운회관 입구 옆에 세워진 독립선언서배부터 표석
오른쪽 / 세계어린이운동발상지 기념탑

왼쪽 / 천도교중앙대교당 안내판
오른쪽 / 수운회관 앞에 세워진 천도교소년회 사무소 터 안내판

우이동에 있는 봉황각 전경. 사진 왼쪽이 봉황각, 오른쪽이 강선루

2. 봉황각(鳳凰閣)

서울특별시 강북구 삼양로173길 107-12 (우이동 254)

　　북한산 국립공원에 속한 서울특별시 강북구 우이동 254번지에 위치한 봉황각(鳳凰閣)은 천도교에서 수도연성 장소로 사용하고 있는 의창수도원(義彰修道院)의 중앙에 있는 건물이다. 우이동은 행정명이 한성부 동부 숭신동(1751), 한성부(漢城府) 동서(東署) 숭신방(崇信坊) 동소문외계(東小門外契) 우이리(牛耳里)(1894), 경성부 숭인면 우이리(1911), 경기도 고양군 숭이면 우이리(1914), 성북구 우이동(1949), 도봉구 우이동(1973), 강북구 우이동(1995) 등으로 변천되어 오늘에 이르고 있다.

　　북쪽으로 삼각산 봉우리가 보이는 이곳 우이동에는 신라 말기의 승려 도선(道詵)이 862년(경문왕 2)에 지은 고찰 도선사(道詵寺)가 있고 또 벚나무와 밤나무가 많아 봄에는 벚꽃 구경을 하는 상춘객, 여름에는 더위를 식히려는 피서객, 가을에는 단풍을 구경하고 또 밤을 주우려는 사람들이 많이 모여든다. 그리고 오늘날에는 삼각산 제일봉 백운대를 오르거나 인수봉 암벽 등반을 즐기는 사람들이 산으로 들어가는 들머리이기도 하다. 특히 이곳에 아름드리 벚나무가 많은 것은, 인조의 둘째 아들 봉림대군이 병자호란으로 청나라에서 8년간 볼모 생활을 하고 조선 제17대 왕 효종(재위 1649~1659)으로 즉위하자 은밀히 북벌계획을 수립하고 군제 개편과 군사훈련 강화 등에 힘썼는데 이때 활을 만드는 데 필요한 벚나무 껍질을 마련하기 위해 벚나무를 많

1912년 우이동계곡의 봉황각 모습

이 심었기 때문이다.

　일찍이 의암성사(孫秉熙)는 1910년 6월 21일 춘암상사(박인호)와 함께 화계사(華溪寺) 삼성암(三聖庵)에서 21일간 일묵일화(一黙一話)의 시를 지으며 연성을 하였으며, 또 봉황각 뒤편 개울 건너에 있는 두견정(杜鵑亭)*에서 활쏘기를 하기 위해 삼각산을 자주 찾았다.† 의암성사는 1911년 7월에도 피서를 위해 경성부 고양군 숭인면 우이리 개울 건너에 있는 이봉천 소유의 별장 사랑에서 한 달 동안을 보냈다.

　이때 의암성사는 삼각산 북한산성 아래의 산세와 지형을 두루 살핀 후 이곳에 정각(亭閣)을 짓기로 결정하고, 1912년에 19,870평(800원)과 1915년에 8,343평(300원)을

---

* 봉황각 경내에 있었던 두견정의 건축에 대한 자료는 없으나 「천도교회월보」 1914년 10월호에 사진이 게재되어 있고, 1916년에 촬영한 큰 사진이 있으며 1936년경까지 있었던 것으로 보인다.

† 의친왕 이강공(李堈公)과 우이동을 찾아 밀회를 한 일이 있다. 「신인간」 제269호.1956.10.1/봉황각

1912년 봉황각 뒤편 개울 건너에 있던 두견정

추가하여 총면적 28,213평을 1,100원으로 매입하였다.[*][†] 그리고 1912년 3월부터 천도교중앙총부 현기관학무원 오상준(吳尚俊)이 건축 감독을 맡아 4월 2일에 상량식을 하고 3개월 후에 준공하여 이름을 봉황각(鳳凰閣)으로 명명하고 6월 19일에 낙성식을 하였다.[‡] 그리고 이듬해 봉황각 옆에 60여 칸짜리 부속 건물을 지어 수련장으로 사용하였는데, 3·1운동 후에 철거되었다는 기록이 있으나 자세한 자료는 발견할 수 없고

[*] 1920년에 작성한 중앙총부의 부동산대장(2)에는 1912년에 임야 2필지와 밭 1필지 19,870평을 800원에 매수하고, 그 후 2차로 1915년 8월에 임야 7,902평과 밭 441평을 300원에 매수한 것으로 기록되어 있어 총매입 금액은 1,100원이다. 〈필자주〉

[†] 임야와 밭 28,382평을 800원에 매입하였으며 1936년에 9,530평을 매각하였다. 「신인간」 제269호 1956.10.1/봉황각 *1912년(壬子)과 1913년(癸丑)간에 800원으로 6만여 평의 基地를 매입하고 수도장으로 60칸을 짓고 300명에게 49일 연성을 5회에 걸쳐 하였다. 「개벽」 제25호.1922.7.10/손의암 선생의 묘를 배관함-춘파 〈필자주〉 6만여 평은 2만여 평의 오기로 보인다.

[‡] 「천도교회월보」 제24호.1912.7.15/중앙휘보 「신인간」 제269호/봉황각

봉황각·강선루·시경 현판

다만 현재 경내 여기저기에 주춧돌만 남아 있다.

봉황각 낙성 후에 의암성사는 봉황각을 돌아보고 도선사까지 구경하고 내려오면서 말하기를 "명산대천(名山大川)은 백석간수(白石澗水)여야 하는데 이곳은 명산대천은 분명하지만 우이동계곡이 흑석간수(黑石澗水)가 되어 마음에 들지 않는다."고 하였다. 그 후 일주일이 지나 우이동계곡에 폭우가 쏟아져 도선사의 승려 7명이 급류에 휩쓸려 익사하였는데 이때부터 우이동계곡은 눈부신 백석간수로 변하였다.

천도교 종학강습소 제1회 수업생 (1912.6.22. 봉황각에서)

‘봉황각’이란 이름은 수운대신사의 시에 나오는 봉황(鳳凰)이라는 말을 딴 것이다. 흰 바탕에 푸른색으로 쓴 봉황각 현판은 오세창(吳世昌)의 글씨인데, 봉(鳳) 자는 중국 당나라 명필 안진경(安眞卿)의 서체를, 황(凰) 자는 당나라 명필 회소(懷素)의 서체를, 각(閣) 자는 송나라 명필 미불(米芾)의 서체를 본뜬 것으로 전해진다. 또 오른쪽 누마루를 강선루(降仙樓)라고 명명하고 봉황각과 나란히 춘포(春圃)가 쓴 강선루(降仙樓)의 현판을 달았다. 두 개의 현판은 40년이 경과한 1953년 11월 건물을 수리할 때 봉황각 현판은 수리하고, 낡은 강선루 현판은 공성학(孔聖學) 조각소에 맡겨 새로 서자(書字)를 제작(作製) 부착하여 현재의 글씨가 처음 현판과는 조금 다르다.[*] 그리고 중앙의 대청

---

[*] 〈교화원일지〉 1953.11.14~11.27

에는 노완(老阮) 김정희(秋史 金正喜)의 '시경(詩境)'이라 쓴 편액이 걸려 있었다.*

봉황각은 건평 28평에 정면 5칸, 측면 5칸의 팔각지붕 기와집으로 석조 기단 위의 목조건물이다. 건물 한가운데에 정면 2칸의 대청을 두고 오른쪽에 정면 1칸, 측면 2칸의 누마루(降仙樓)가, 왼쪽에 전퇴를 둔 정면 2칸의 방이 배치되었으며, 기단은 두벌대의 장대석 기단을 두었고, 그 위에 사각형의 초석을 두어 사각기둥을 세웠다. 처마는 부연을 단 겹처마이고 지붕은 팔각지붕으로 되어 있다.

1912년 6월 19일 우이동에 봉황각이 낙성되자 이관(월보과 편집원), 양한묵(도사실 편집원), 이종린(월보과 편집원), 최린(보성중학교 교감), 윤구영(금융관장), 차상학(월보 발행인) 등의 문사들이 봉황각 경내를 살펴본 심회를 칠언절구와 오언율시에 담았다.†

      鳳凰閣原韻 敬菴 李瓘

      鳳凰閣裏鳳凰回 試問幾人臨上臺 萬劫空山淘洗盡 水流天地又花開

      봉황각 안에 봉황 돌아왔는데, 몇 사람이나 대에 올랐는지 물어보노라.

      만 겁 동안 빈 산 씻기기 다하니, 천지에 물 흐르고 또한 꽃도 피누나.

      鳳凰閣原韻 芝江 梁漢默

      錦溪爲響玉岑回 鳳凰晴登白石臺 小子捧花庭上立 三師一話法天開

      시냇물 메아리 되어 산봉우리 감도니, 봉황 가뿐히 백석대에 올랐네.

      소자 꽃 받들고 뜰 위에 섰는데, 세 스승의 한결같은 말씀 법천을 연다네.

      鳳凰閣原韻 澕菴 羅龍煥

      山屈石盤溪曳回 翼然高出鳳凰臺 神傳聖繼無窮意 試看栗櫻歲歲開

---

* 추사(秋史) 김정희가 화암사(華巖寺) 뒤에 있는 긴 병풍바위에 새겨 놓은 '詩境'의 글씨와 같은 모양이다.

† 「천도교회월보」 제25호, 1912.8.15/詞藻

1922년 5월 봉황각. 춘암 교주(박인호)를 비롯한 천도교중앙총부 간부들

산 굽고 돌 엉킨 시냇가에 노인 돌아오니, 봉황대 새 날개 펼친 듯 높이 솟아 있네.

신성이 전해지는 무궁한 뜻을, 밤나무 앵두나무 매년 피는 것에서 보겠네.

鳳凰閣原韻 鳳山 李鍾麟

天道無窮去復回 龍潭亭古又鳳臺 水流石轉春長在 萬樹櫻花一一開

천도 무궁하여 갔다간 돌아오나니, 옛날엔 용담정이더니 또 봉황대라.

물 흐르고 돌 구르는 봄 오래가나니, 온 앵두나무 꽃 일일이 피어 있네.

鳳凰閣原韻 古友 崔 麟

牛耳洞深活水回 寒雲老木古人臺 先生高閣知何處 滿地烟霞一路開

우이동 깊은 곳에 활수 돌아오고, 차가운 구름 늙은 나무에 옛 사람의 대로다.

위 / 1922년 5월 봉황각 옆 한옥
아래 / 한옥 후면 모습

현재(2017년)의 한옥 전경

선생은 고각이 어느 곳인 줄 아는가? 연기와 놀 가득한 곳에 길 하나 열려 있네.

鳳凰閣原韻 蓮遊 尹龜榮

三山道氣逐人回 鳳凰高臨第上臺 五萬年來新破僻 野花猶是擅名開

삼각산 도기가 사람 따라 돌아오고, 봉황이 높이 임하매 차례로 대에 오르네.

오만 년 만에 새롭게 편벽을 깨니, 들꽃도 오히려 이름을 떨치며 피겠네.

鳳凰閣原韻 香山 車相鶴

衆山拱立碧流回 櫻樹中間有我臺 天樂颯颯靈鳳下 道門今始子方開

뭇 산이 모여 서고 푸른 시내 감도는데, 앵두나무 정자 가운데 우리 대가 섰구나.

하늘 풍류소리 속 봉황 내려앉으니, 도문을 이제야 비로소 그대(봉황각)가 여는구나.

鳳凰四韻 凰山

東城水石最楊州 北漢溪山盡鳳樓 蔓草荒烟如昨日 紅亭玉瀑見玆丘

臨風渺渺人間事 聽雨深深天下樓 道室淸虛無一物 門前只有白雲流

성 동쪽 물과 돌은 양주가 제일이요, 한강 북쪽 시내와 산은 봉루가 다했네.

덩굴 풀 거친 내는 어제와 같은데, 붉은 정자 옥 같은 폭포 이 언덕에서 보네.

아득히 바람 맞이함은 사람 사이의 일이요, 깊이 빗소리 들음은 하늘 아래 다락이네.

도실은 청허하여 아무 일도 없거니와, 문 앞엔 단지 흰 구름 흐를 뿐이네.

杜鵑亭原韻 芝江

蒼蒼三角下 人在杜鵑亭 鳴弓非本志 一眼萬山靑

푸르고 푸른 삼각산 아래, 두견정에 사람 있네.

활시위 울림은 본래 뜻 아니니, 한눈에 온 산의 푸름 보려 함일세.

杜鵑亭原韻 敬菴

天道張弓是 隨處可吾亭 滿山紅杜宇 一鵠眼中靑

천도를 활시위에 맬 수 있다면, 가는 곳마다 내 정자 될 만하네.

온 산에 진달래꽃 붉고, 과녁 한가운데가 눈 가운데 푸르네.

杜鵑亭原韻 凰山

今年牛耳洞 千古杜鵑亭 天弓風雨息 萬里海山靑

올해엔 우이동이지만, 먼 옛날엔 두견정일세

무지개 비바람을 쉬게 하니, 만 리의 바다 산이 푸르네.

杜鵑亭原韻 香山

昔聞牛耳洞 今有杜鵑亭 腰帶天弓去 騁眸萬里靑

옛날 우이동을 듣더니, 이제 두견정이 있다네.

허리에 무지개를 차고 가서, 만 리 푸르름을 맘껏 바라보네.

杜鵑亭原韻 蓮遊

杜鵑花笑處 杖屨有新亭 開弓先正氣 一手大天靑

두견화 웃는 곳에, 지팡이 짚다 보니 새 정자 서 있네.

활을 열기 앞서 기를 바르게 하니, 한 손에 큰 하늘이 푸르네.

鳳凰閣夏夜卽事 敬菴

水聲高處更無山 月下樓臺碧水間 古洞千年今始闢 一天雲物盡輪還

물소리 높은 곳은 다시 없는 산속, 달빛 아래 누대는 벽계수를 사이했네.

천 년 옛 골짝 이제야 비로소 열리니, 온 하늘 햇무리 빛깔 모두 돌려보내네.

鳳凰閣夏夜卽事 芝

淸溪夜落白雲山 閒語深深樓屋間 明月若空春酒滴 楊州高鶴有人還

밤이면 맑은 시냇물 소리 들리는 백운산, 다락 지붕 사이 한가로운 말 깊고 깊도다.

밝은 달은 하늘에서 봄 술 듣듯 하고, 양주자사 되어 학 타고 돌아온 사람 있다네.

鳳凰閣夏夜卽事 凰

月滿空汀水滿山 五叟人語出松間 幽禽飛拂林花落 認是田翁濯足還

달빛은 빈 물가에 물은 산에 가득한데, 다섯 늙은이 말이 솔 새로 흘러나오네.

어둔 곳 새 퍼덕여 숲 꽃이 떨어지니, 이로써 농부가 발 씻으러 왔음을 알겠네.

鳳凰閣夏夜卽事 凰

百道飛流萬疊山 鳳凰高閣出人間 寥寥一犬東花月 錯認隣家送酒還

봉황각 정문. 정문 너머로 현판이 보이고, 정문 기둥에 '천도교회소관'이란 팻말이 보인다

백 갈래로 날아 흐르는 만 겹의 산에, 높은 봉황각 인간 세상 벗어나 있네.

고요 속 동녘에 뜬 달 보고 개 짖으니, 이웃집에서 술 보낸 줄로 잘못 알겠네.

봉황각이 건축된 후 의암성사는 봄, 여름, 가을, 계절을 가리지 않고 이곳을 찾아 어떤 때는 수일 동안 머무르기도 하였다. 의암성사가 이곳에서 머물 때는, 매일 아침 4시에 일어나 묵도를 한 후 개울가를 거닐면서 여러 가지 수상을 하였으며, 낮에는 찾아오는 교인을 만나거나 누상에서 독서를 하였고, 밤 10시에는 어김없이 취침을 하였다.* 또 이곳에는 의암성사뿐 아니라 중앙총부 간부들도 자주 찾아왔으며 때로는 장기간 요양을 하기도 하였고, 또 추사가 쓴 '시경(詩境)'이란 편액이 걸려 있듯이 봉황각은 시정이 넘치는 아름다운 곳으로 교단의 문사들이 자주 모여 시회(詩會)

---

* 봉황각에서 의암성사가 독서를 하는 모습을 이종린은 "黃葉西風更急 主人無語下書樓"라고 시로 쓰고 있다. 『三千里』 제9권제1호, 1937.1.1/저명인사일대기《동아일보》 1924.2.4/봉황각 春頭愁新/손 씨 생일날 묘전에 우는 애인

를 열기도 하였다.[*]

경운동 중앙총부에서 우이동을 왕래하는 방법은 도보로 창경원 → 박석고개 → 미아리 → 무네미 → 가오리천(加五里川) → 우이동 입구 → 봉황각에 이르는 길과 종로에서 전차를 타고 청량리역에서 내려 다시 경의선 기차를 갈아타고 창동역(기차표 5전)에서 내려 쌍갈내 주막을 거쳐 주씨산계(朱氏山界)에서 냉수를 마시고 우이동에 이르는 10리 길이 있었다.[†] 그러나 의암성사는 일본에서 타고 다니던 자동차를 타고 우이동과 상춘원을 왕래하였다. 1903년 3월에 개최된 대판박람회에는 미국에서 포드 5인승 자동차 2대를 출품하였는데, 의암성사가 그중 1대를 이강(李堈) 공의 주선으로 구입하였고, 나머지 1대는 일본 궁내성에서 매입하였는데, 조선인에게 1대가 선점되었다 하여 말썽이 되기도 하였다. 의암성사는 출품자에게서 운전법을 습득하여 조선옷을 입고 상투에 갓을 쓰고 대판 시가를 타고 다녔다. 동양에서 제일 먼저 자동차를 수입한 것은 일본이었지만 자동차를 제일 먼저 탄 사람은 조선의 의암성사였다.[‡]

당시 일본에서도 자동차는 처음 보는 것이어서 그가 자동차를 타고 어디를 가면 일반 시민과 가동(街童)이 개미 떼 모양으로 모여서 구경을 하며 "에라이… 에라이! 강곡구노 양반이상(韓國ノ兩班樣) 에라이…." 하고 떠들었다.[§]

봉황각은 의암성사가 독립운동을 구상하고 교역자들에게 독립심을 고취시키기 위해 전국에서 선발된 481명을 1912년 4월부터 1914년 3월까지 7차로 나누어 매회 49일씩 연성을 시킨 곳이며, 또한 1916년 9월에는 독립운동을 위한 이신환성(以身煥性)의 법설을 이곳에서 하였다.[¶]

---

[*] 『천도교회월보』 『개벽』 『신인간』 등에는 많은 시 작품이 게재되어 있다.

[†] 『개벽』 제69, 호 1926.5.1/우이동의 봄을 찾고서-차상찬

[‡] 『개벽』 제25호, 1922.7.10/동양에서 자동차 제일 먼저 탄 이가 누구일까?

[§] 『별곤건』 제16호 및 17호, 1928.12.1/各界各面 第一 먼저 탄 사람-관상자

[¶] 제1회 연성은 도선사에서 하였다. 〈현기관일기〉1913년, 박래원 『춘암 박인호의 행적』下-承繼 『신인간』 1972.5.10

제1회 연성인(선도사 21명)이 송현동 중앙총부에서 기념 촬영 (1912.4.15)

　봉황각을 건축하기 전 1912년 4월 15일부터 6월 2일까지 도선사에서 시작한 제1회 연성자는 구창근(具昌根, 전주), 박승준(朴準承, 임실), 이정점(李貞漸, 태천), 정계완(鄭桂琓, 이원), 김병태(金炳泰, 해남), 오영창(吳榮昌, 서흥), 이종석(李鍾奭, 진천), 최주억(崔周億, 평원), 나인협(羅仁協, 성천), 이병춘(李炳春, 임실), 이채일(李采一, 영천), 한태훈(韓泰勳, 정평), 박문화(朴文華, 진천), 이승우(李承祐, 횡성), 임예환(林禮煥, 중화), 한현태(韓賢泰, 선천), 박용태(朴瑢台, 서산), 이정석(李鼎錫, 곡산), 전희순(全熙淳, 진주), 홍기억(洪基億, 용강), 홍기조(洪基兆, 용강) 등 21명으로 모두 각 지방의 지도자들이었다. 이들 중 네 명이 후일 민족 대표 33인에 포함되었다.

1912년 11월 1일부터 시작한 제2회 연성은 도선사와 우이동에 신축한 봉황각에서 49명에게 실시하였고, 1913년부터 1914년까지는 봉황각에서 제3회 1913년 1월 1일부터 49명, 제4회 1913년 4월 6일부터 48명, 제5회 1913년 11월 1일부터 105명, 제6회 1913년 12월 18일부터 105명, 제7회 1914년 2월 5일부터 104명이 참석하여 총 7차에 걸쳐 481명에게 실시하였다. 봉황각에서 연성을 마친 전국의 교역자들은 270여 개의 각 지방 교구로 돌아가 교인들에게 독립정신을 고취시켰다. 그리고 1918년에 중앙대교당을 건축한다는 명목으로 독립운동 자금을 모집하여 중앙총부에 보내었으며, 삼일독립운동이 일어나자 독립선언서를 각지에 전달하고 또한 시위에 참여하게 하는 역할을 하였다.

제2회 연성인 49명 (1912.11.1~1912.12.19)

이용의(李龍儀, 서산), 김진팔(金鎭八, 정주), 안처흠(安處欽, 박천), 한관진(韓寬珍, 강동), 이종수(李種秀, 구성), 김안실(金案實, 안주), 장승관(張承官, 용천), 김종범(金宗範, 벽동), 임영수(林永秀, 용천), 김병주(金炳柱, 伊川), 이정화(李正和, 강계), 박화생(朴花生, 임실), 오명운(吳明運, 의주), 정승덕(鄭承德, 강서), 진종구(陳鍾九, 용인), 윤병설(尹炳卨, 초산), 유계선(劉啓善, 양덕), 이유년(李有年, 북청), 김영언(金泳彦, 중화), 장남선(張南善, 임실), 우세하(禹世夏, 선천), 강봉수(姜琫秀, 장흥), 김연구(金煉九, 태인). 이상 23명 봉황각.

황학도(黃學道, 평양), 이군오(李君五, 선천), 김수옥(金洙玉, 순안), 이기완(李岐琓, 함흥), 이돈하(李燉夏, 성천), 김명선(金明善, 영변), 최사민(崔士岷, 박천), 길학성(吉學晟, 영변), 방기창(方基昌, 맹산), 정도영(鄭道永, 용인), 최영곤(崔永坤, 철산), 김승주(金㫜周, 서흥), 한세교(韓世教, 남양), 박인각(朴麟珏, 성천), 최석련(崔碩連, 의주), 김봉년(金奉年, 전주), 신광우(申光雨, 보은), 주덕인(周德仁, 가산), 방찬두(方燦斗, 송화), 홍봉소(洪鳳巢, 곽산), 임래규(林來圭, 태인), 이상우(李祥宇, 여산), 백영로(白永魯, 삭령), 정용근(鄭瑢根, 전주), 박낙양(朴洛陽, 보성), 이동구(李東求, 횡성).

이상 26명 도선사. 합계 49명.*

제3회 연성인 49명 (1913.1.1~1913.2.18)

김준홍(金俊興, 의주), 홍하청(洪河淸, 의주), 홍순걸(洪淳杰, 초산), 김순택(金淳澤, 벽동), 박인화(朴仁和, 무안), 원치영(元致英, 구성), 임기진(林淇鎭, 안산), 박창훈(朴昌勳, 진위), 신광로(辛光魯, 음성), 이정복(李廷馥, 중화), 강익점(姜益漸, 창성), 노상우(魯相祐, 안주), 백관범(白寬範, 삼등), 김광준(金光俊, 순안), 김용전(金龍篆, 곡산), 김국언(金國彦, 강동), 백찬호(白燦浩, 삼등), 김기수(金基洙, 순천), 김귀연(金貴淵, 용천), 이관국(李觀國, 서흥), 김세업(金世業, 영변), 이경섭(李景燮, 곡산), 손태룡(孫太龍, 양덕), 유문학(劉文學, 덕천), 홍성운(洪聖運, 함흥), 김태종(金泰鍾, 북청), 이상현(李象鉉, 서흥), 정한영(鄭漢泳, 옹진), 조석걸(趙錫杰, 전주), 박선명(朴先明, 전주), 이기동(李起東, 남원), 최승우(崔承雨, 임실), 정영순(丁永詢, 홍양), 김응욱(金應旭, 진주), 지동섭(池東燮, 순창), 전철진(全哲鎭, 利川), 박장우(朴莊祐, 양평), 류한영(柳漢永, 회양), 이필화(李弼和, 횡성), 정상용(鄭相容, 임실), 윤세현(尹世顯, 강진), 백응규(白應奎, 구성), 김사빈(金士彬, 개천), 임순호(林淳灝, 여주), 최긍순(崔兢淳, 서산), 박창락(朴昌洛, 북청), 최효건(崔孝健, 선천), 이용뢰(李龍雷, 영흥), 김양근(金良根, 정평). 이상 49명.†

제4회 연성인 48명 (1913.4.6~1913.5.25)

이대원(李大源, 정평), 한상익(韓祥翊, 정주), 나종선(羅宗善, 성천), 박형석(朴瀅錫, 정주), 김춘식(金春軾, 은산), 신태천(申泰天, 단천), 안명석(安命錫, 해주), 김용환(金龍煥, 영 흥), 한승록(韓承祿, 강계), 정태교(鄭泰僑, 곡산), 조종봉(趙鍾鳳, 안변), 김명준(金命俊, 강계), 변응찬(邊應燦, 태

* 「전도교회월보」 제30호, 1913.1.15/중앙총부 휘보 〈현기관일기〉 1912년
† 「전도교회월보」 제36호, 1913.7.15/중앙총부 휘보 〈현기관일기〉 1913년

천), 이성구(李星九, 용인), 김사진(金泗振, 영원), 김복윤(金福倫, 선천), 김처길(金處吉, 의주), 김의태(金義泰, 강진), 전기선(全起善, 곽산), 김성립(金成立, 철산), 정이하(鄭履河, 구성), 이인조(李寅祚, 태천), 나원경(羅元經, 성천), 정계근(鄭桂瑾, 이원), 오기홍(吳基弘, 구성), 김처성(金處聲, 양덕), 박왕식(朴旺植, 덕천), 문철모(文哲謨, 함흥), 안국진(安國鎭, 의주), 황하식(黃河湜, 용천), 차성옹(車聖翁, 선천), 이초옥(李楚玉, 대동), 이용길(李龍吉, 선천), 김창석(金昌錫, 벽동), 신상희(申相熙, 김화), 이규식(李圭植, 수원), 신정집(辛精集, 여주), 강흥룡(康興龍, 벽동), 임복언(林復彦, 용강), 정혜남(鄭惠南, 용강), 백낙용(白洛龍, 함흥), 송두옥(宋斗玉, 무안), 문길현(文吉鉉, 임실), 전종호(全宗浩, 위원), 김현구(金顯龜, 고산), 김중화(金重華, 금구), 엄종성(嚴鍾晟, 임실), 최정익(崔珽翼, 임실). 이상 48명.[*]

제5회 연성인 105명 (1913.11.1~1913.12.18)

최안국(崔安國, 의주), 김낙주(金洛疇, 용천), 정용진(鄭容鎭, 충주), 김창덕(金昌德, 정주), 김영하(金泳夏, 여주), 최학승(崔學承, 강동), 장신덕(張信德, 용천), 김득운(金得運, 철산), 윤기호(尹基浩, 운산), 김호진(金浩珍, 중화), 김경함(金庚咸, 곽산), 한석민(韓錫敏, 강동), 백성연(白性淵, 운산), 김병렬(金炳烈, 평강), 임승태(林承泰, 중화), 류지관(柳志觀, 중화), 허병주(許炳周, 구성), 이흥룡(李興龍, 박천), 이승태(李承泰, 희천), 주창건(朱昌鍵, 삭주), 장운룡(張雲龍, 영변), 안승환(安承煥, 전주), 정상열(鄭相悅, 임실), 임인환(林寅煥, 대동), 안종(安鍾, 덕천), 박종훈(朴宗勳, 안악), 이수영(李壽榮, 안성), 김정담(金正淡, 수원), 최치순(崔致淳, 덕천), 이수일(李洙馹, 함흥), 이승하(李承夏, 토산), 김종황(金鍾黃, 남원), 김진선(金鑛璇, 벽동), 김창도(金昌道, 초산), 김길붕(金吉鵬, 벽동), 오준영(吳俊泳, ○○), 이유상(李有祥, 익산), 박노휘(朴魯輝, 부여), 한치운(韓致雲, 곡산), 방진원(方鎭垣, 맹산), 한병순(韓炳淳, 성천), 이대수(李大秀, 성천), 김득필(金得弼, 위원), 박기백

[*] 「전도교회월보」 제33호, 1913.4.15/중앙총부 휘보 〈현기관일기〉1913년

(朴基伯, 의주), 김명후(金明垕, 의주), 한영태(韓榮泰, 임실), 김병준(金秉俊, 고원), 김봉화(金鳳華, 강계), 김정일(金定鎰, 곡산), 윤태홍(尹泰弘, 중화), 황기타(黃己柁, 황주), 김두환(金斗煥, 음성), 조동룡(趙東龍, 옹진), 장세화(張世華, 서산), 기순(奇珣, 재령), 임상렬(林尙烈, 태천), 박찬수(朴燦洙, 해남), 김정삼(金鼎參, 구성), 김명희(金命熙, ○○), 이의달(李義達, 선천), 최병훈(崔炳勳, 철원), 서상하(徐相河, 철원), 손응규(孫應奎, 송화), 안영석(安永錫, 옹진), 임근태(林根泰, 고원), 전규하(全奎河, 횡성), 박승업(朴承鄴, 영흥), 김학주(金學周, 북청), 류병순(柳炳淳, 성진), 최승주(崔承周, 북청), 배용국(裵龍國, 장진), 김병훈(金炳燻, 함흥), 강문옹(康文雍, 신흥), 김기홍(金基洪, 홍원), 한오준(韓五俊, 안주), 이영(李英, 덕천), 이덕선(李德善, 운산), 홍순걸(洪淳杰, 초산), 이달해(李達海, 운산), 박삼원(朴三元, 봉산), 신명희(申明熙, 완도), 배원학(裵元學, 평남 순천), 김두화(金斗華, ○○), 김광한(金光翰, 용강), 김지렴(金志濂, 중화), 김응록(金應祿, 강서), 이병기(李炳基, 태천), 송봉원(宋奉元, 희천), 김중록(金中祿, 구성), 안봉하(安鳳河, 수안), 배세창(裵世昌, 김천), 한용호(韓龍浩, 영흥), 한인황(韓仁璜, 정평), 이춘호(李春浩, 강원 伊川), 권형중(權衡重, 평강), 류희열(柳羲烈, 김화), 박용순(朴容淳, 평남 순천), 박승민(朴昇敏, 맹산), 김상정(金相鼎, 진주), 박인곤(朴仁坤, 선천), 전시홍(全時弘, 용천), 윤화수(尹和守, ○○), 김택서(金澤瑞, 양덕), 김봉섭(金奉涉, 양덕), 홍명식(洪命植, 평남 순천). 이상 105명.*

제6회 연성인 105명 (1913.12.18~1914.2.4)

강극삼(康極三, 숙천), 명봉주(明鳳周, 태천), 김상설(金商說, 선천), 김진형(金鎭衡, 정주), 서원조(徐圓朝, 용천), 민치환(閔致煥, 안악), 김치명(金致明, 장연), 이병준(李秉俊, 정평), 황재국(黃在國, 함흥), 안두표(安斗彪, 정평) 최승익(崔承翊, 영흥), 한석균(韓錫均, 정평), 이재경(李載景, 영변), 김병호(金炳鎬, 재령), 정창국(鄭昌國, 벽동), 방진구(方振球, 홍원), 구상주(具尙周, 김화), 이재은

* 『천도교회월보』 제43호, 1914.2.15/중앙총부 휘보

(李載恩, 장진), 강병수(康丙守, 희천), 윤학율(尹鶴律, 의주), 계용채(桂龍彩, 선천), 백인옥(白仁玉, 강계), 허봉하(許奉河, 강계), 김기추(金基秋, 길주), 독고훤(獨孤煊, 의주), 이유정(李有禎, 용천), 원용건(元容乾, 강동), 김봉주(金鳳周, 희천), 박필주(朴弼周, 강원 伊川), 이양배(李養培, 평산), 윤재언(尹在彦, 순안), 최단봉(崔丹鳳, 순천), 이민도(李敏道, 수원), 고병걸(高炳傑, 강동), 김일주(金一疇, 중화), 이계술(李啓述, 북청), 한인혁(韓仁赫, 고원), 박명두(朴明斗, 양덕), 신명천(申明天, 순천), 백문선(白紋選, 의주), 김현룡(金見龍, 성천), 김영만(金永萬, 수안), 양화국(梁華國, 평양), 임동준(任東準, 개천), 공예수(公禮洙, 벽동), 장석항(張錫恒, 구성), 김영생(金永生, 초산), 홍순의(洪淳儀, 초산), 이덕유(李德有, 용인), 강재원(姜載元, 곽산), 구덕희(具德喜, 강화), 이정신(李貞信, 초산), 양원섭(楊元燮, 벽동), 나의섭(羅義涉, 희천), 양원로(梁元魯, 용천), 민원식(閔元植, 청주), 오면수(吳勉秀, 청주), 권종국(權宗國, 평강), 김두학(金斗學, 함북 鏡城), 송계조(宋繼祚, 영원), 김학천(金鶴天, 길주), 김응하(金應河, 수안), 최용기(崔龍基, 운산), 이학소(李鶴巢, 위원), 정학룡(鄭學龍, 곡산), 김명진(金明鎭, 선천), 최신주(崔信柱, 안주), 차낙준(車洛俊, 선천), 최봉천(崔鳳天, 단천), 유신항(劉信恒, 개천), 박창렬(朴昌烈, 의주), 고용모(高龍模, 화천), 김인종(金麟鍾, 춘천), 백용회(白龍繪, 의주), 이응화(李應華, 강계), 김연추(金演樞, 철원), 김진선(金眞善, 양덕), 김문홍(金文弘, 성천), 백룡승(白龍乘, 운산), 가영로(賈榮魯, 태안), 백선택(白善澤, 평양), 홍 순(洪 淳, 해남), 김상중(金相重, 장흥), 민영일(閔泳一, 전주), 나백춘(羅栢春, 전주), 김영원(金榮遠, 임실), 김화일(金和日, 김제), 정용하(鄭龍河, 철산), 최종준(崔宗駿, 이원), 노홍준(魯弘俊, 영변), 최석찬(崔碩燦, 의주), 이정모(李正模, 선천), 김치송(金致松, 맹산), 한기원(韓基元, 양덕), 윤승모(尹承模, 가산), 박홍주(朴興柱, 위원), 이진해(李鎭海, 덕산), 강대설(姜大說, 사천), 김응두(金應斗, 사천), 송응주(宋應柱, 정주), 박예일(朴禮一, 구성), 이봉진(李鳳軫, 영변), 이수흘(李秀屹, 가산), 현지성(玄祉誠, 삭주), 홍석항(洪碩恒, 구성). 이상 105명.*

---

* 『천도교회월보』제45호, 1914.4.15/휘보에 제7회 연성인 이름이 중복으로 기재되어 있어 상단의 명단은 제6회 연성인의 誤記로 보인다.

제7회 연성인 104명 (1914.2.5~1914.4.4)

백용섭(白龍燮), 공달빈(孔達斌, 양덕), 이덕원(李德源, 중화), 윤병찬(尹秉贊, 중화), 김광수(金光洙, 평양), 정양로(鄭養魯, 안주), 강원필(康元弼, 창성), 허도(許鍍, 창성), 박정간(朴正侃, 맹산), 오윤경(吳允景, 성천), 김치관(金致官, 자성), 김재진(金載珍, 용천), 최찬구(崔贊九, 숙천), 이관술(李寬述, 성천), 이정엽(李禎燁, 용천), 김도준(金道俊, 의주), 김병린(金炳麟, 삭주), 김도현(金道鉉, 의주), 박영(朴英, 철산), 오준득(吳俊得, 선천), 허준경(許俊敬, 구성), 원명준(元明濬, 구성), 이종현(李種現, 구성), 최종척(崔宗陟, 정주), 최종희(崔宗禧, 이원), 강성삼(康聖三, 희천), 장수헌(張壽憲, 의주), 최홍선(崔弘善, 의주), 김봉덕(金鳳德, 개천), 최신을(崔信乙, 의주), 김영주(金泳柱, 순창), 박찬수(朴贊洙, 수원), 서인화(徐仁和, 정주), 신석호(申碩浩, 곽산), 유종렬(劉宗烈, 의주), 안초현(安初炫, 북청), 이정수(李貞燧, 북청), 문성실(文成實, 대동), 궁상원(弓尙元, 맹산), 이병건(李秉健, 성천), 김응수(金應洙, 중화), 변정훈(邊貞薰, 성천), 김충간(金忠侃, 중화), 나형태(羅炯泰, 성천), 신용주(申龍柱, 양덕), 윤운청(尹雲靑, 철산), 김용운(金龍雲, 이원), 김병건(金炳建, 신계), 권사인(權思仁, 평강), 이용갑(李用甲, 박천), 김사걸(金仕傑, 정주), 김주환(金周煥, 안협), 김문언(金文彦, 곡산), 윤대식(尹大植, 자산), 윤학화(尹學華, 운산), 유공락(劉公樂, 대동), 장계준(張啓俊, 대동), 강선여(康善汝, 운산), 안겸(安鎌, 덕천), 최영식(崔榮植, 박천), 조경순(趙京淳, 박천), 이병운(李炳雲, 명천), 김영순(金泳珣), 신동석(申東錫, 강원 伊川), 김윤하(金允河, 신천), 이봉진(李鳳震, 위원), 이창준(李昌俊, 자성), 김학두(金學斗, 사천), 김용문(金容文, 서산), 박병협(朴炳協, 서산), 계영선(桂英宣, 선천), 최주홍(崔周洪, 영흥), 이환주(李紈冑, 정평), 문칠운(文七運, 함흥), 박용희(朴龍熙), 김맹흠(金孟欽, 이천), 김종원(金鍾元, 인천), 김흥렬(金興烈, 수원), 최종하(崔宗河, 정선), 한응택(韓應澤, 구성), 오창섭(吳昌燮, 홍천), 김봉모(金鳳模), 이학년(李鶴年, 북청), 이태인(李泰仁, 명천), 이성교(李成敎, 간도 화룡현), 유화인(劉化仁, 익산), 엄정주(嚴正柱, 논산), 김창식(金昶植, 정읍), 신인경(申仁敬, 영암), 김창식(金昌植, 정읍), 박봉의(朴鳳儀, 선천), 이삼갑(李三甲, 정평), 이창환(李昌煥, 용천), 김치욱(金致郁, 평강), 김덕화(金德華, 초산), 유창원(劉昌源), 오관익(吳琯翊, 초산), 김병훈(金炳勳, 함흥), 고처운(高處雲, 초산), 조덕룡(趙德龍, 초산), 탁천봉(卓千鳳, 영흥), 손동칠(孫東七), 류원태(柳遠台), 이동수(李東洙, 간도 임강현). 이상 104명.

또한 봉황각에서는 1919년 1월 5일부터 2월 22일까지의 삼일독립운동을 위한 49일 연성기도를 실시하였는데 이때 기도심고는 '포덕천하와 광제창생의 대원, 주문은 '신사영기아심정무궁조화금일지(神師靈氣我心定無窮造化今日至)'를 12회씩 세음(細音)으로 암송하였다.* 2월 22일 49일 연성기도회가 끝나자 의암성사는 천도교회 간부들에게 독립운동 거사의 뜻을 전달하고 "우리가 만세를 부른다고 당장 독립되는 것은 아니오. 그러나 겨레의 가슴에 독립 정신을 일깨워 주어야 하기 때문에 이번 기회에 꼭 만세를 불러야 하겠소."라고 말하여 독립만세운동의 필요성과 의지를 밝혔다.[†]

1922년 6월 12일부터 7월 20일까지 39일 동안 개최된 교인대회대표위원회에서는 3·1운동으로 어려워진 교회 재정을 충당하기 위해 교회 소유의 많은 부동산을 매각 처분하기로 하였으나 다만 봉황각과 상춘원은 영구 보존하기로 결의하였다. 그러나 1만여 평에 달하는 숭인동 상춘원은 재단 기부금 미납으로 인해 보성전문학교 재단에 넘겨주고 말았으며, 봉황각도 1936년에는 교회 상황이 매우 어려워 임야 1필지 9,040평을 매각하여 재정에 충당하였고, 또 1966년에는 돌출 부분의 490평 임야를 매각 처분[‡]하여 현재는 의암성사 묘역을 포함한 10필지 63,242㎡(19,130평)가 남아 있다.[§] 의암성사가 활쏘기를 하고 교회에서 각종 회합이나 연회를 가졌던 두견정이 있던 땅은 1936년에 매각된 임야에 포함되어 없어져 아쉬움이 남는다.

1932년경에는 봉황각의 관리가 소홀하여 봉황각 뜰에는 풀이 우거지고 의암성사가 기거하던 방의 문은 첩첩이 닫혀 거미줄이 쳐 있었다.[¶] 그러나 태평양전쟁과 광복, 그리고 한국전쟁 중에도 큰 피해가 없이 보존되어 왔다. 관리는 박건환(朴建煥)이

---

* 〈종령/제120호〉1918.12.6
† 〈의암손병희 선생 어록비〉독립기념관. 1986.7.30
‡ 1961년 仙雲閣 대표 林盛基에게 무상 사용하도록 한 우이동 28번지 임야 480평을 매각하여 1965년 서울시로부터 불하받은 市有地 39평에 대한 年賦金을 상환하기로 전국대의원대회(1966.12.22)에서 중앙총부 제안사항으로 결의하였다. 『새인간』 제11호. 1967.1.15
§ ㉮1995년 12월 31일 현재 63,242㎡(19,130평)〈재단소유부동산현황〉유지재단.1995
¶ 『삼천리』 제4권2호. 1932.2.1/春草는 年年綠인데 그이만 가고 못 오시나-柳光烈

1922년 의암성사 묘소를 찾은 춘암 박인호 교주

10년 동안, 손재용(孫在鏞)이 15년 동안, 한순회(韓順會)가 4년 동안 맡았다. 봉황각이 1957년 3월 3일 천도교 의창수도원으로 개원하자 이때 삼청동에 거주하던 의암성사의 부인 주옥경(朱鈺卿)을 이곳 경내의 한옥에 거주하도록 하였다. 그리고 봉황각 건축 이래 수리 상황을 보면 1965년 9월 20일부터 12월 5일까지 공사비 75만원으로 봉황각을 중수하였고, 1968년 7월에도 공사비 50만원을 들여 대대적인 보수를 하였다. 1968년 9월 1일에는 수운회관 건축에 따라 경운동 경내에 있던 중앙총부 본관 건물을 원형대로 이곳으로 옮겨 지금까지 별관(종학원)으로 사용하고 있다. 그리고 1969년 9월 18일 서울특별시 유형문화재 제2호로 지정되었다.* 봉황각 동쪽 50m 산기슭에

---

* 1969년 6월 10일 서울특별시문화공보과에 향토문화재 지정을 의뢰(천총발제111호), 문화재관리법 개정으로 8월 25일 서울문화위원회 조례가 공포되고 동시행규칙에 따라 서울향토문화재 제2호로 지정되었다. 제1호 장춘단석비, 제2호 봉황각, 제3호 러시아공관 양관) 『신인간』 제269호, 1969.10.1/봉황각

는 1922년 6월 5일에 모신 의암성사 묘소가 자리하고 있으며 묘소 계하 동쪽 산기슭에는 곽병화(郭秉嬅)와 주옥경(朱鈺卿) 두 부인과 의암성사의 아우 강암(剛菴) 손병흠(孫秉欽)과 이흠화(李欽嬅) 내외의 묘소가 있다.

어느덧 100년을 넘긴 우이동 봉황각의 중요 기록을 살펴보면, 중앙총부 직원과 『천도교회월보』 사원 일동과 지방 교인 등이 의암성사 묘소를 참례(1923.5.19), 1924년 4월 8일 의암성사 탄신일을 맞아 주취미(朱翠眉, 朱鈺卿 사모)가 눈물을 흘리면서 성묘(1924.4.9),* 청년당전국대표임시대회 참가자 50명이 하기강좌(1927.8.15), 청년동맹강습회(1928.6.6~6.12), 곽병화 사모가 봉황각에서 환원(1929.5.18), 곽씨 사모 영결식 앞마당에서(1929.5.22) 곽씨 사모의 105일 기도식에 2백여 명(1929.8.30), 한글학회 조선어표준어사정위원회 독회(1935.8.7), 천일기념을 맞아 축하원유회(1935.4.6), 청년당본부에서 교역자특별기도회(1937.12.21~12.24) 등이 있다.

그리고 1945년 10월 16일 미국에서 귀국한 이승만(李承晩)이 10월 21일 일요일에 소귀(우이동)로 의암성사 묘소를 찾았으나 묘소 위치를 찾지 못한 채 되돌아간 일이었었다.† 그리고 이해 11월 28일에는 김구(金九)가 안미생(安美生) 여사를 대동하고 부주석 김규식(金奎植), 선전부장 엄항섭(嚴恒燮), 참모장 류동열(柳東悅), 문화부장 김상덕(金尚德), 국무위원 이시영(李始榮) 등과 우이동 의암성사 묘소를 찾았다. 김기전의 안내로 산상에 올라 먼저 기다리고 있던 권동진, 오세창, 주옥경 등과 인사를 나눈 후 묘전에 꽃다발을 바치고 분향을 하고 일동이 재배를 하였다. 선생은 옛날의 동고를 더듬어 명상에 잠기듯 힘없이 눈을 내리감으면서 고개를 숙였다. 성묘 후에는 봉황각(墓幕)에서 잠시 휴식을 취했는데 이때 엄항섭이 강선루(降仙樓)에서 기자회견을 하였다.

---

* 《동아일보》 1924.4.9/鳳凰閣 春頭愁新/손 씨 생일날 묘전에 우는 애인
† 《자유신문》 1945.10.23/島山, 尤庵 선생 山所로, 花束 들고 간 李承晩 박사의 友情 〈필자주〉尤菴은 義菴의 착오인 듯하다

현재의 별관 전경, 1969년 경운동의 천도교중앙총부 건물을 옮겨온 것이다.

"우리 민족의 영웅 의암 선생 묘소에 성묘하는 뜻이 천도교에 헌신하신 데만 있다고 생각하면 오해입니다. 민족의 투사인 선생의 영혼을 위로하지 않을 수 없으며, 그 근원의 물을 우리들이 마시고 이 강산을 지키지 못하고 환국한 오늘…." 하고 복받쳐 오르는 슬픔을 참지 못하여 목이 메어 말을 끊고는 두 줄기 눈물을 흘리면서 "여러분, 무엇 때문에 우리끼리 죽이느냐 살리느냐 합니까? 아직도 우리 머리 위에는 외국의 덩치가 있습니다. 우리는 한 덩어리로 뭉쳐야 합니다. 사회 질서와 웃어른에게 경의와 존경을 잊어서는 안 됩니다. 이 강산을 밟을 때 이렇게 난립되었을 줄은 몰랐습니다."라고 말했다. 성묘를 마친 김구 일행은 망우리 안창호 선생 묘소로 향했다.[*]

1945년 12월 4일에는 임시정부 요인 홍진(洪震, 洪鼂喜), 최동오(崔東旿), 김붕준(金朋濬) 등이 우이동을 찾아 의암성사 묘소를 참례하였다.[†]

1945년 10월 우이동 의암성사 묘소를 찾았으나 길을 찾지 못해 되돌아간 이승만

[*] 《자유신문》 1945.11.29/의암 도산 두 동지 묘소에, 김구 선생 광복의 감격을 보고
[†] 《자유신문》 1945.12.6/安 孫 두 先生 墓所에. 임시정부 요인 參拜

1959년 10월 3일 의암 손병희 성사 묘소를 찾은 이승만 대통령

은 1956년 3월 1일 삼일절을 맞아 대통령 신분으로 부인과 이민의원 의장 부처와 함께 공진항 교령의 안내로 이곳 의암성사 묘소를 다시 찾아 참배를 하고 봉황각을 시찰하였다. 그리고 1959년 10월 3일 의암성사 묘비가 건립되자 10월 23일 오후에 묘소를 찾아 헌화 참례하였다.*

그 외에 조선독립촉성기도회(1947.3.11부터 3주간), 21인의 수련(1947.9.30), 49일 연성 수련 7명(1949.5.10), 천일기념 야유회(1956.4.6), 공진항 정환석 이단 정운채 백중빈 박웅삼 최병제 오진원 등이 경전 주해(1956.5.2~8.20), 1959년 10월 3일 손병희 선생 기념사업회에서 의암성사 묘정에 묘비를 건립하고 제막식(1959.10.8),† 이승만 대통령이 묘비에 헌화(1959.10.23), 중앙총부 교역자 간담회(1965.4.6), 중앙총부 교역자 간담회(1965.8.14), 봉황각 중수 공사(1965.9.20~12.5), 천일기념 축하회(1966.4.5), 전국 교구에

---

* 「신인간」 1959.12.20 《동아일보》 1959.10.24/이 대통령이 헌화. 의암 선생과 육당 선생 묘비에
† 金相根의 성금 420만원으로 1천 자에 달하는 비문을 李殷相이 짓고, 金忠鉉이 쓰고, 孫在馨이 제자를 하였다. 《동아일보》 1959.10.9/손의암 선생 묘비

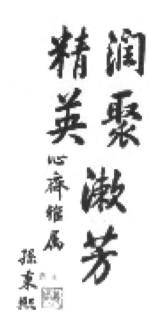

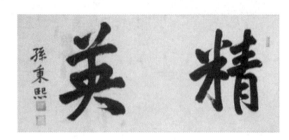

의암성사의 휘호

서 선발된 50명의 강도회(1966.8.22), 연성수련 실무보습교육을 위한 원주직 간담회 (1967.8.14), 주옥경 사모 87세로 환원(1982.1.17), 공사비 50만원으로 봉황각 보수 공사 (1968.3~7) 등 수련연성 외에 각종 교회 행사들이 있었다. (이하 생략)

그리고 봉황각 정문에서 보이는 붉은색 2층 벽돌 건물은 1921년 중앙대교당과 함께 건축된 중앙총부 본관으로 1968년 9월 경운동에 수운회관을 건립함에 따라 철거되어 우이동으로 옮긴 것이다. 화일산업주식회사와 공사 계약(공사비 11,300,000원, 자체 부대 비용 1,155,755원)을 체결, 1968년 9월 1일 이축식(移築式)을 갖고 10월 31일 착공하여 1969년 4월 22일에 준공되었다. 1969년 7월 12일 입주식을 거행하고 본래 명칭을 살려 천도교중앙총부 별관으로 명명하였으며 천도교종학원에서 병용하도록 하였다.

2004년부터 강북구청에서 개최하는 '봉황각 3·1독립운동 재현행사'는 봉황각이 3·1운동의 사적지로 자리매김하는 계기를 만들고 있어 다행스러운 일이다.

천도교중앙총부는 현재 봉황각의 원형조차 제대로 보존하지 못하고 있는 상황이다. 그런데 이번 기회에 10여 년 전에 청원의 의암성사 유허지 전시관에 대여해 준

강선루 현판을 찾아와 봉황각 현판 옆에 걸게 되었다. 우이동은 습기가 많은 곳으로 목조건물인 봉황각의 관리에 세심한 주의를 기울여야 한다. 또한 의암성사 묘역을 포함한 경내를 철저히 관리하는 데 최선을 다해야겠다. 아울러 현재 봉황각은 국가지정문화재로 지정되지 않고, 건조물만 지방자치단체(시·도)의 조례에 의하여 지정하는 유형문화재로 지정되어 있지만, 앞으로 3·1운동을 기념하는 국가지정사적지가 되어야 할 것이다.

현재의 봉황각 정문 전경

상춘원의 한옥(사진의 아래)과 양옥(사진의 위)

3. 상춘원(常春園) 터

서울특별시 종로구 종로63가길 12 (숭인동 72)

천도교중앙총부는 1910년 가을부터 송현동에 위치하고 있었는데, 매년 4월 5일 천일기념일이 되면 전국에서 수천 명의 교인들이 참석하여 기념식을 마치고 원유회를 열고자 하였으나 마땅한 장소가 없었다. 그러다가 1914년 3월부터 1916년 9월까지 수차에 걸쳐 동대문 밖 숭인동 동묘(東廟) 뒷담 건너편 큰길 북쪽 낙산의 남쪽 자락 만만평(滿萬坪)에 있는 박영효* 소유의 100칸짜리 건물(한옥과 양관)과 900평짜리 별장(亭園)이 있는 10여 필지 10,165평을 5만원에 매입하였다.[†] 이곳을 매입한 후 양관은 그대로 사용하고, 1915년 9월부터는 크고 작은 여러 채의 한옥을 수리하고, 서북쪽 언덕 위에 만화정(萬化亭)을 짓고 정원을 새롭게 꾸며 상춘원(常春園)이라 하고, 1915년

---

* 錦陵尉 朴泳孝는 철종의 부마로 갑신정변 후 일본에서 의암성사와 교류하여 친분이 있었다.

† 「동학의 원류」에는 상춘원 10,165평을 4만원에, 최익환의 증언에서는 10,165평을 33,000원에 그리고 권동진의 증언에서는 5만원에 매입한 것으로 되어 있다. 그러나 1920년에 작성된 교회부동산대장에는 임야, 대지, 밭 등의 10여 필지를 1914년 3월부터 1916년 9월까지에 수차에 걸쳐 매입하였고 일부는 매입가 기록이 없어 정확한 금액은 확인되지 않는다. 「삼천리」 제6권5호 및 「삼천리」 제7권5호, 1935.5.1 - 1935.6.1/ 권동진-2백만 교도의 통솔자 손병희

의암성사가 3·1운동을 모의하고 요양하던 상춘원 양관

11월 17일에 낙성식을 거행했다.*

　상춘원은 동망봉(東望峰)†이 있는 바위산 뒤쪽을 제외하고는 모두 붉은 벽돌담으로 둘러싸여 있고 넓은 뜰은 중앙에 담장을 쌓아 동서로 나누었다. 동대문에서 청량리로 다니는 단선궤도의 전찻길에서 철제 창살로 양쪽에 작은 문이 달리고 위에는 둥근 전등이 달린 상춘원의 큰 정문을 들어서면 오른쪽 담장 구석에 방 2칸과 차고로 사용하는 한옥 기와집이 있고 왼쪽 구석에는 화장실이 있었다. 정문 50m 앞에는 관상목으로 둘러싼 직경이 10m 되는 만록지(萬綠池)라는 연못이 있고, 그 뒤로 잔디밭

---

*　상춘원 기공 『전도교회월보』 제61호, 1915.9.15. *상춘원낙성식 『전도교회월보』 제65호, 1915.12.15

†　동망봉(東望峰)은 단종이 1457년 10월 영월에서 17세의 나이로 죽음을 맞자, 60년 동안 정순왕후(定順王后)가 동쪽 영월을 바라보며 단종의 명복을 빌었다는 봉우리. 상춘원 담장 뒤 동망봉 동쪽 기슭 산마루에는 왕후를 신으로 모시는 '산신각'이 있다.

(동서 100m×남북 50m)이 있었는데 그 가운데에는 석상이 있었다. 오른쪽 길을 따라 50m를 올라가면 동편에 정자(碧巖亭)가 있으며 길을 따라 더 올라가면 의암성사(손병희)가 기거하던 양관(洋館, 東亭)이 있었다.

양관의 아래층의 큰 온돌방은 구멍이 2개 뚫린 벽돌 모양의 연탄 50개를 때야만 방을 데울 정도였고 장지문이 달린 작은 방이 있었다. 현관에서부터 자주색 주단이 깔린 복도 오른쪽 구석에는 양복장만한 크기의 양금(洋琴)이 놓여 있었다. 양관에서 40m 거리의 상춘원 중앙에 있는 한옥까지는 좌우가 유리창으로 된 회랑으로 연결되어 있었다. 62칸의 큰 한옥에는 몇 개의 방과 큰 주방이 있어 모든 음식을 여기서 만들었다. 큰 한옥 남쪽에는 작은 집이 있고, 북쪽 바위산 밑에는 약수터가 있고, 동쪽 담장에는 작은 후문이 있었고, 그 아래 왼쪽에는 육각형의 정자(天際樓)가 있었다. 중앙 담장의 중문을 통해 서쪽으로 나가면 넓은 잔디밭 광장이 있었는데 이곳에서 각종 원유회를 개최하였다. 주위에는 수목이 우거져 있고 지대가 높은 북쪽 담장 밑에는 만화정(萬化亭)이 있었다. 만화정 서쪽으로 조그마한 한옥과 우물이 있었다. 중앙의 잔디밭 서쪽에 한옥이 한 채 있고, 서쪽 후문 담장 밑으로는 밭이 있었으며, 남쪽 담장 가까이에 화장실이 있었다.*

상춘원에는 소나무, 밤나무, 가래나무, 오리나무, 벚나무, 겹벚나무, 장미, 향나무, 살구나무, 자두나무, 소나무, 단풍나무, 개나리, 철쭉, 진달래, 회양목, 앵두나무, 잣나무, 사과, 배나무, 감나무, 전나무 등 각종 수목이 울창하였다. 또한 닭, 오리, 거위, 칠면조 등을 키우고, 관리인인 황국서(黃菊瑞)가 온갖 야채를 재배하여 별도로 채소를 사다 먹는 일이 없었다.

상춘원은 1916년 천일기념일의 야유회를 시작으로 기념일 때마다 대원유회를 개최하는 장소로 사용되었다. 1916년 천일기념일 야유회 광경을 보면, 종로에서 상춘

---

* 1922년 이후의 상춘원 배치도 참조

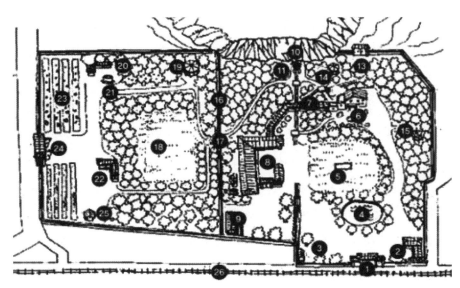

상춘원 경내 배치도

1 정문 2 차고가 달린 한옥 3 화장실 4 연못(萬綠池) 5 잔디밭(중앙에 석상) 6 양관 7 양관과 한옥을 연결하는 회랑

8 62칸의 큰 기와집 9 3칸 짜리 한옥 10 바위산 11 약수터 12 담장 밖 산신당(山神堂) 13 동북쪽 후문

14 육각정(天際樓) 15 정자(碧巖亭) 16 중앙 담장 17 중앙 담장의 중문 18 서쪽 큰 잔디밭 19 팔각정(萬化亭) 20 한옥

21 우물 22 한옥 23 채소밭 24 서쪽 후문 25 화장실 26 전찻길(서대문과 청량리 간의 전차 궤도)

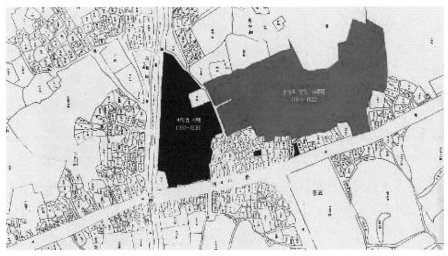

상춘원 도면(1929)

1916년 4월 상춘원 대원유회 그림

원 앞 동관묘까지 북적거리는 인파로 길이 막힐 지경이었다. 궁을기 2개가 교차하여 걸려 있는 상춘원 정문을 겨우 들어서면 명월관(明月館), 장춘관(長春館), 혜천관(惠泉館) 등의 유명한 요릿집에서 출장하여 설치한 여러 모의점(음식점), 넓은 잔디 정원 가운데에 가설된 무도장, 다동홍조합(茶洞紅組合, 券番)과 광교취대(廣橋翠隊, 朝鮮舊樂隊) 등의 휴게소가 여러 곳에 마련되어 있었으며, 중앙에는 채색한 마룻대가 세워져 사면팔방으로 걸어 놓은 만국기가 바람에 휘날리고 있었다.

10시부터 시작된 원유회 무대 위에서 검남무와 장항무를 추는 기생 40~50명, 줄타기를 하는 광대 5명, 풍악을 울리는 악공 10명 등이 공연을 하였다. 교인들에게는 입장권으로 점심용 도시락과 술 한 병씩을 교환해 주었으며, 화포 30방으로 흥을 돋우는 가운데 음식점에서 맥주와 과일을 마음대로 먹었다. 의암성사와 춘암상사를 비

상춘원 정문에 서 있는 의암성사의 포드 자동차

롯해 권동진, 오세창, 이종훈, 홍병기 등 교회 간부들은 만화정에서 원유회를 즐겼으며, 뒷산에는 처음 보는 천도교의 대원유회를 보려고 아침부터 저녁까지 구경꾼이 모여들었다.*

의암성사는 교회 간부들을 데리고 왕래하면서 상춘원에서 교회사를 논의하였다. 상춘원에 나갈 때는 금빛 장식으로 화려하게 꾸민 쌍두마차를 타거나 또는 포드 자동차를 타고 다녔다.† 의암성사가 상춘원을 가기 위해 가회동을 출발해서 먼지를 뽀얗게 일으키면서 종로를 달리면 연도에는 구경꾼들이 모여들었다. 의암성사가 탄 차는 일본 공진회(共進會)에 출품된 것을 이강(李堈) 공이 주선하여 구입한 포드 5인승

---

* 상춘원의 대원유회 『천도교회월보』제69호, 1916.4.15
† 일본 共進會(세계박람회)에 출품된 것을 이강(李堈) 공이 주선하여 구입한 5인승으로 봉도 김상규를 대동하고 가회동을 출발해서 먼지를 뽀얗게 일으키면서 종로를 달리면 연도에서 사람들이 구경을 하였다.

상춘원을 견학하는 학생들

이었는데 일본에서 타던 것을 가져온 것으로 우리나라에서 민간인으로서는 최초의 자가용이었다. 1918년 12월에는 의암성사가 권동진, 오세창, 최린 등과 이곳에서 수차례 회합을 갖고 파리강화회의 개최에 즈음한 국내외 정세와 민족자결 원칙에 입각하여 대대적인 독립운동 계획을 논의하였다.

의암성사는 3·1운동으로 투옥되었다가 1920년 10월 병보석으로 출감하여 1922년 5월 환원할 때까지 이곳에서 요양을 하였다. 의암성사가 출옥 후 상춘원에서 병환을 치료하는 동안에 춘암상사(박인호)는 비가 오나 눈이 오나 하루도 빠지지 않고 이세헌 (李世憲)과 같이 운동마차를 타고 무릎에 담요를 두르고 상춘원으로 문병을 하였다. 이때 주치의는 천도교에서 운영하던 안국동 덕제의원장(德濟醫院長) 원덕상(元悳常)과 박종항(朴宗恒)이었고, 한약은 손재용이 담당해서 제공하였다.* 간병은 부인 주옥경을 비롯한 가족 외에 갑반(甲班: 최동희 손재용 손재근 손재기 민석현)과 을반(乙班: 정광조 최준모 손재봉 손재영 김사유)으로 나누어 하였으며, 박종항은 상시의(常侍醫)로 호병(護病)하였다.†

의암성사가 환원하기 전에는 상춘원에 관리인 황국서 외에는 아무도 살지 않았으나, 의암성사 환원 후에는 여러 교인들이 들어와 살았다. 우선 양관에는 해월신사(최시형)의 손씨 부인을 비롯한 가족들이 살았고, 큰 한옥에는 춘암상사와 가족들, 차고가 달린 집에는 대도주 봉도였던 김명배와 손재기의 장인인 김현구가 방 한 칸씩을, 중앙 남쪽의 방이 3개가 있는 한옥에는 손재근(孫在根, 손병흠의 아들), 이세헌(李世憲, 대도주 봉도) 등이 살았으며, 상춘원 서쪽의 잔디밭 한옥에는 이종훈 및 홍병기가 살았고, 북쪽 집에는 관리인 황국서(黃菊瑞)와 동학 시대부터 해월신사를 모시던 김○○(아들 金聖鶴)이 살았다.

1921년(대정 10) 12월 18일 보성전문학교는 천도교단에서 박인호가 10만원, 진주 김기태(金琪邰)가 15만원, 그리고 58명의 유지들이 1천~3만원씩의 기부금을 내서 총자본금 43만 3천원으로 재단법인을 설립하였다. 이때 천도교에서 재단법인에 출자한 기부금 10만원은 송현동의 대지와 중앙총부 건물 및 보성전문학교 시설을 포함한 5만원과 현금 1만원, 그리고 나머지 4만원은 10년 동안 7분 이자를 계산하여 지불하기로 하였다. 그러나 1932년 3월 보성학교 재단의 경영이 김성수에게 넘어가자 천도교는 재단 설립 때의 미불금 4만원과 10년간의 이자를 불입하지 못해 상춘원을 1932년 5월 6일 보성전문학교 재단에 넘겨주고 말았다.

상춘원에서는 1915년 11월부터 1932년 5월까지 천도교 관련 행사 이외에도 많은 사회단체의 행사와 사건이 있어 항상 일제의 감시를 받았는데, 주요 행사를 보면 다음과 같다.

---

* 1930년대 任明宰가 운영하는 安洞醫院으로 현재 안국우체국 옆 걸스카웃 빌딩 자리에 있었다.
† 〈최동희일기〉 1921.1.6(음력 11. 28)

상춘원의 벽암정

- 상춘원에서 최동호(崔東昊: 처 오순화, 부 최시형)가 환원 (1923. 5. 21)
- 천일기념일을 맞아 오후 1시부터 축하원유회, 밤에는 내수단원 기념원유회
(1924. 4. 5)
- 조선소년운동협회 주최 노동소년 위안 겸 어린이대원유회 (1924. 5. 4)
- 천도교인들이 상춘원에서 새벽 3시에 의암성사 환원기도식 (1924. 5. 19)
- 신여성사에서 주최하는 단오절 부녀원유회 (1924. 6. 6)
- 전조선기자대회에 참석한 500여 명의 기자들의 간친회 (1925. 4. 17)
- 소년동아일보사에서 어린이 날을 맞아 직업소년위안 원유회 개최 (1925. 5. 3)
- 동아일보사에서 독자들에게 상춘원을 개방 (1926. 6. 10)
- 신여성사 주최, 동아일보사 후원으로 단오절에 그네를 뛰는 부인원유회
(1925. 6. 26)
- 6·10만세운동으로 일경이 상춘원을 수색하여 격문 인쇄에 사용한 활자가 들어

있는 궤짝과 격문 6만 장이 들어 있는 버들상자를 압수당하고 수명이 피체 (1926.6.6)

■ 6·10만세운동으로 13시부터 요시노(吉野) 경부가 5~6명의 부하를 대동하고 자동차로 출동하여 상춘원에 잠복 (1926.6.7)

■ 만화정에서 조선농민사의 이성환(李晟煥)과 조보희(趙寶喜) 신혼피로연을 개최 (1926.7.15)

■ 만주에서 고려혁명당원 이동보(李東甫)가 최동희(崔東羲)의 장례비를 마련하기 위해 서울에 와서 상춘원에 숨어 있다가 검거 (1927.2.17)

■ 천도교여성동맹 창립기념 단오절원유회 (1927.6.4)

■ 신간회경성지회 상춘원 원유회는 당국의 금지로 취소 (1927.10.16)

■ 신간회경성지회 창립 제1주년 기념으로 조선소년군도 참석하여 원유회 개최 (1928.6.17)

■ 근우회경성지회 회원 100여 명 참가하여 원유회 개최 (1928.10.22)

■ 중등학생들이 조선학생공산당(CS공산당)을 조직하기 위해 상춘원에서 모의 (1928.11.3)

■ 중앙청년동맹 동구지부대회 개최 (1929.8.27)

■ 종로경찰서 고등계에서 오토바이 형사대를 출동시켜 상춘원에 있던 오순화(吳順嬅, 최동호의 처)를 검거 (1930.4.8)

■ 신간회본부에서 주최하는 이극로 환영

상춘원 만화정

회를 사복경찰이 둘러선 가운데 개최 (1930. 10. 28)

- ■ 잡지기자단체 〈기우회(記友會)〉 창립대회 (1931. 4. 5)
- ■ 신여성사 주최 단오절 부인원유회 (1931. 6. 20)*

현재 지하철 동묘역 2번 출구 앞 일대의 상춘원이 있던 터에는 사찰 낙산묘각사와 주택들이 빼곡히 들어서 있어 사적지의 흔적은 찾을 수 없다. 1996년 7월 서울특별시에서 세운 상춘원 표석(제147호)이 엉뚱한 위치인 창신동 195번지에 위치하고 있었으나, 현재는 동묘역 동쪽 120미터 지점 낙산묘각사 입구의 도로변에 옮겨져 있다.†

1996년 7월 서울특별시에서 동묘앞 역 동쪽 120미터 지점 낙산묘각사
입구에 세운 상춘원 표석(제147호)

---

* 행사 기간 내의 기록은 일간신문 《동아일보》 등의 기사에서

† 常春園의 東半景, 天際樓, 東亭(洋館), 萬綠池(연못), 벽암정, 천제루 대원유회, 모춘 등 사진 「천도교회월보」
*상춘원 이야기 「신인간」 제405호 및 제408호, 1983.1.20/05.01 *朴基成 보존 사진(춘암상사 댁 사진첩)
중앙총부 자료실 디지털콘텐츠 사진

오늘날의 광화문

4. 광화문

서울특별시 종로구 사직로 161 (세종로 1-57, 경복궁)

경복궁 광화문은 1395년(태조 4) 9月에 창건되었으며, 광화문 앞으로는 이조(吏曹▦), 호조(戶曹▦), 예조(禮曹▦), 병조(兵曹▦), 형조(刑曹▦), 공조(工曹) 등의 관아들이 늘어서 있었다. 그래서 광화문 앞 육조거리는 오늘날과 같이 조선 시대에도 나라의 심장부로 자리하고 있었다.

1892년 10월 21일 공주와 11월 2일 삼례에서 교조신원운동을 시도한 동학 지도부는 충청감사와 전라감사로부터 회신을 받았을 뿐 뜻을 이루지 못하자 조정을 상대로 한 조직적인 운동을 전개하기로 하였다. 이러한 방침에 따라 1892년 12월 6일 보은 장내리에 도소를 정하자 각지에서 수많은 도인들이 모여들기 시작하였다. 이에 최시형은 통유문을 발하고 육임(六任)을 정하는 동시에 접주의 신표를 가진 자에게만 출입을 허용하는 등의 규율을 세웠다. 그리고 12월 10일에는 조정에 "경신년에 경주 수운 선생께서 한울님 말씀을 듣고 동학을 창명하였으니 동학이란 유불선을 합한 이름이라. 각박한 세정에 내용을 모르면서 공을 빙자하여 사를 도모하기 위해 백성의 재물을 빼앗으며 유도나 정학이란 이름으로 동학을 이단이라 하여 조정에서 금단하니, 그렇다면 팔도가 같은 것인데 충청도의 영동, 옥천, 청산과 전라도의 김제, 만경, 정읍, 여산 등지에서는 탐관오리의 화를 입고 죽어 가는 자가 그치지 않으니 조정은 도탄에 빠진 민정을 공정하게 살펴 주기를 바란다."는 소장[조가회통(朝家回通)]을 제출하였다.

이와 같은 소장을 받았음에도 불구하고 부패·무능한 조정에서는 이를 묵살하고 회신조차 하지 않았다. 그래서 동학 지도부가 할 수 있는 것은 한성으로 올라가 임금에게 직접 상소하는 길밖에 없게 되었다.

다음 해인 1893년 1월 서병학 등이 청주군 산동면 용골 권병덕(權秉悳)의 집에 머무르고 있는 최시형을 찾아가 광화문에서 복합상소를 할 것을 간곡하게 주청하자 승낙하였다. 이에 최시형은 청주군 남일면 송산리 손천민(孫天民)의 집에 봉소도소(奉疏都所)를 설치하였다. 그리고 1월 15일에는 각지에 경통을 발하여 도인들이 여기에 참여하도록 하였다.

2월 1일 서병학을 비롯한 선발대가 정세를 살피기 위해 입경하고, 5일부터는 손병희와 박인호를 비롯해 강시원, 손천민, 김연국 등이 수만의 교도를 거느리고 2월 8일의 왕세자 탄신일에 치르는 과거를 보러 가는 선비 차림으로 변장하여 수백여 명이 속속 한성으로 올라가 집결하였다. 그리고 한성 남부 남소동(漢城 南部 南小洞)에 있는 최창한(崔昌漢)의 집에 봉소도소(奉疏都所)를 정하고 도인들은 남소동과 동대문 밖 낙타산 인근에 흩어져 숙소를 잡았다. 이와 같이 집결한 도인들은 상소문 등의 준비를 마치고 2월 10일 최창한의 집에서 치성식을 거행하였다.

이튿날인 2월 11일 오전에 경복궁 광화문에 나아가 자리를 깔고 엎드려 상소문을 받들고 통곡을 하면서 임금에게 봉소하였다. 이때 소수(疏首)는 박인호의 종제인 박광호(朴光浩), 제소(製疏)는 손천민, 서사(書寫)는 남홍원(南弘源), 봉소(奉疏)는 손병희와 박인호를 비롯해서 김연국(金演局), 박석규(朴錫奎), 임국호(任局鎬), 김낙봉(金洛鳳), 권병덕(權秉悳), 박덕칠(朴德七), 김석도(金錫道), 이근상(李根尙) 등이었다. 봉소인들이 교문의 붉은 예복[周衣]을 입고 손에는 염주를 들고 '시천주조화정영세불망만사지' 주문을 크게 외우자 행인은 물론 외국인과 입궐하는 대신들까지도 조복 차림으로 둘러서서 구경하였다. 그러자 수문군(守門軍)이 잡인들을 금하고 봉소인을 보호해 주었다. 이때의

상소문 요지는 다음과 같다.

"신 박광호 등은 목욕재계하고 전하께 아룁니다. 지난 경신년 4월 경주의 최제우께
서 천명을 받아 포덕을 하시니 최제우는 병자년 공신 최진립의 7세손입니다. 도를 펴
고 가르침을 행한 지 불과 3년에 원통하게도 사학이란 이름으로 비방을 받아 갑자년 3
월 10일에 영남감영에서 참형을 받았습니다. 인의예지(仁義禮智)와 효제충신(孝悌忠信)과
삼강오륜(三綱五倫)의 도리에 모자람이 있다면 감히 도학이란 글자로 말을 할 것이며 어
찌 신원이란 말로써 전하께 거짓 아뢰겠습니까. 스승께서는 공자의 도(道)와 대동소이
(大同小異)하고 성경신(誠敬信) 삼단으로 천지를 받들고 일마다 고하기를 반드시 부모를
섬기듯 하라고 하였습니다. 조정에서 동학을 서학으로 배척하는 것도 부당한데 감영과
각 고을에서는 압박하고 죽이고 귀양을 보내니 어찌 동학만 공평치 못하게 취급하는
것입니까. 원하건대 전하께서는 신 등의 억울함을 살펴 주시고 귀양 간 교도들을 용서
하여 음덕을 펴 주시기를 피눈물로써 간절히 바라옵니다."

광화문광장

　광화문에서의 복합상소는 아침부터 시작하여 오후 5시가 되면 붉은 보자기로 싼 상소함(疏函)을 거두어 숙소로 돌아가는 식으로 하였다. 그렇게 하기를 3일째가 되는 날에서야 사알(司謁, 궁궐에서 왕명을 전달하는 正六品 관원)이 나와 "격식(司馬票)을 갖추어야만 상소를 받아들일 수 있다."고 하며 상소문을 받기를 거절하고 다만 상소 내용을 물어다가 임금에게 전하였다. 이에 대해 임금은 "너희들은 집으로 돌아가 생업을 하면 원하는 바를 조치한다."라는 전교를 내리는 것이 전부였다. 동학 지도부에서는

서병학 등 일부 강경파가 이런 기회에 무력으로 조정의 간당들을 소탕하고 개혁을 하자는 주장도 하였지만 일단 칙령을 믿고 광화문에서 철수하기로 하였다.

동학교도들은 그날 저녁부터 각자 흩어져 한강을 건너 삼삼오오로 짝을 지어 도소가 있는 충청도 청원을 향해 내려가기 시작하였다. 그런데 복합상소를 전후해서 동학교도들은 장안에 기독교를 배척하는 괘서(掛書)를 붙이기도 하였다. 특히 일본과 불란서 공사관 등에도 외국인을 배척하는 방문(榜文)이 붙기도 하였다. 또한 외국인을 몰아내기 위해 동학도 수만 명이 장안으로 올라온다는 소문이 퍼져 한성 장안이 뒤숭숭한 분위기가 되었다.

한편 2월 24일 조정에서는 칙령으로 동학의 소두(疏頭)를 경향 각지에서 특별히 기한을 정해 놓고 체포하도록 하고 만약 동학도들이 다시 무리로 행동을 하도록 하면 해당 관원을 문책하겠다는 강경책을 하달하였다. 이와 같이 임금의 유시가 있다고 해도 부패한 조정의 벼슬아치들이 이를 이행할 리가 없었고 오히려 동학교도에 대한 탄압을 한층 강화하였다.

광화문 복합상소에서 뜻을 이루지 못한 채 동학농민혁명과 갑진개화운동을 거치고 동학을 천도교로 선포하여 중앙총부가 설립된 후 1907년 7월 11일에 이르러서야 수운대신사(최제우)와 해월신사(최시형)의 신원이 공식적으로 이루어졌다.

해월신사 최시형의 순교 터. 표지석이 다섯 번이나 옮겨져 현재 단성사 터에 다른 표석들과 함께 자리하고 있다.

5. 해월신사(최시형)의 순도지

서울 종로구 돈화문로 26 (묘동 56)

해월신사(최시형)는 1898년 6월 2일(양 7.20) 오후 2시 서울 종로구 수은동(현 묘동) 56번지 단성사 뒤편의 옛 좌포도청 터인 고등법원 감옥서(警務廳 監獄署)에서 교형을 받아 순도하였다. 현재 오가는 사람들이 많은 종로3가 지하철역 입구(옛 단성사 옆) 종로3가치안센터 앞에는 서울특별시에서 설치한 〈최시형 순교 터〉라는 표석이 〈좌포도청 터〉 표석과 나란히 있다.*

해월신사는 1898년 1월 원주군 전거론에서 관졸에게 집을 수색당했으나 손병희의 기지로 이를 모면하고, 지평을 거쳐 2월에 홍천군 오창섭(吳昌燮)의 집에 머물다가, 임학선(林鶴仙)의 주선으로 3월에는 원주군 호저면(好楮面, 好梅谷面) 송골(松洞) 원진여(元鎭汝)의 집으로 피신하여 은거하고 있었는데 이곳에서 4월 6일 새벽 세찰사 송경인(宋敬仁)에게 피체되었다. 해월신사와 함께 있던 제자들은 전날 해월신사의 명으로 이미 피신하였으나, 이날 10시경에서야 길을 나선 임순호는 관군에게 피체되고 말았다. 해월신사는 관군의 수레에 실려 저녁 무렵에 문막에 이르렀는데 이곳에서 도인 황영

---

*   수은동(授恩洞)은 현 종로구 묘동의 1936년 이전의 명칭이다.

식(黃泳植=萬己)이 피체되었다. 다음 날 새벽 여주에 도착한 관군은 해월신사와 황만기(黃萬己)를 배를 이용하여 한성으로 압송하였다. 해월신사는 한성에 도착하자 광화문에 있는 경무청에 수감되었다가 10일 후에는 서소문감옥으로 이감되었다.

경무청은 1894년 갑오개혁으로 중앙관제가 개편됨에 따라 종전의 좌·우 포도청을 통합하여 설치한 기관으로 내무아문(內務衙門)에 소속되어 한성부의 5개 경무지서(警務支署=警務署)와 50개의 순검번소(巡檢番所)를 관장하였다. 관원은 경무사(警務使) 1명, 부관(副官) 1명, 경무관(警務官) 12명, 주사(主事) 8명 이내, 감옥서장(監獄署長) 1명, 총순(總巡) 30명 이내, 감옥서기(監獄書記)와 간수장(看守長) 각 2명 이내로 구성되었다. 경무청은 당시 일본 제도를 모방하여 만든 독립기관으로서 총책임자인 경무사가 한성의 감옥서(형무소)도 관할하는 등 어느 아문의 대신보다도 강력한 권력을 행사할 수 있었다. 내무아문이 내부(內部)로 개편된 뒤 경무청은 그 기능이 훨씬 강화되어 직원이 증원되고 기구의 규모나 직무 내용으로 보아 1개 부의 기구를 방불케 하였다. 1900년(광무 4)에 경부(警部)로 승격되었다가, 1902년 다시 경무청으로, 그리고 1907년 경시청(警視廳)으로 개편되었다.

경무청은 오늘날 정부종합청사 별관 자리에 있었는데 이 자리는 조선 시대 말에는 중추부, 갑오개혁 때에는 경무청, 1900년대 초에는 헌병부(→헌병사령부)와 경부(→경무부), 1908년에는 경시청(헌병부+경부)이 자리를 잡았던 곳이다.

그리고 서소문감옥은 서소문정 75번지(일본인의 관사로 平田豊丈의 집, 1927년)로 당시 한성부 내의 8개 감옥 중에서 가장 규모가 큰 곳이었다.* 조선 시대의 감옥은 미결수를 수용하던 곳이었고, 감옥은 설치하되 비어 있게 하는 것을 이상적인 것으로 여겼기 때문에 감옥 규모가 크지 않았다. 조선 후기 전옥서의 수감 인원은 평균 40~100여 명이었고, 지방 감옥의 경우 50명 내외 정도로 매우 소극적으로 운영되었다. 시설과

---

* 「한국독립운동의 역사」 제4권 1910년대 일제의 무단통치 /제5장 사법제도와 식민체제 강화 /2.형무소의 설치

규모 면에서도 보통 2~3개의 온돌방 정도였고, 도주를 방지하기 위한 관리·감독 외에는 별도의 운영 방법이 없었다.

그 뒤 1894년 7월 군국기무처가 설치되면서 감옥 사무는 내부(內部)의 소관하에 경무청 업무에 속하게 되었고, 1895년 4월에는 전옥서가 폐지되고 감옥서가 신설되었다. 1896년 4월 '형률명례'를 공포하여 형률을 사형(死刑), 유형(流刑), 역형(役刑), 태형(笞刑) 등 네 종류로 나눠 전통 시대와 근대의 형률을 모두 포함한 형태를 띠었다. 1898년 1월에는 '감옥규칙'을 제정하여 미결수와 기결수를 구분하는가 하면, 수감자에 대한 가혹행위 금지와 입감 절차 및 기록 유지 관리의 원칙이 마련되는 등 근대적인 형태를 갖춰 나갔다.

한편 해월신사가 관군에 피체되자 이 소식을 접한 의암성사와 김연국은 압송된 해월신사의 뒤를 쫓아 한성으로 올라와 수표교 근처에 숙소를 정하고, 손천민(孫天民)도 곧 뒤따라와 서문 밖에 머물고, 이종훈은 동소문 안 참욋다리에 숙소를 정하였다. 이때 의암성사를 비롯한 제자들의 급선무는 해월신사와의 연락이었는데 이종훈이 이를 맡고 나섰다. 이종훈은 백 냥을 주기로 하고 경무청 순검의 첩지까지 받았으나 간수가 아니고 외근을 맡게 되었고, 또 해월신사가 서소문감옥으로 이감되어 접촉 시도는 이루어지지 못하였다. 이종훈은 다시 서소문감옥 청사(廳使→獄卒→看守→矯導官)의 두목인 김준식(金俊植)을 찾아가서 "나는 본래 좌포청 청사로 있다가 그만두고 지금은 참욋다리에서 밥장사로 근근히 살아가고 있는데 무슨 살길이 없겠는가?" 하고는 술대접을 하여 의형제를 맺었다. 그러고는 날마다 김준식의 집을 출입하면서 기회를 잡아 해월신사와 연락이 닿게 되었고 곧바로 다음과 같은 해월신사의 답장이 나왔다.

"편지 잘 보았소. 여러 도인들이 잘 있습니까? 도인들은 내가 이리된 것을 조금도 근심하지 말고 그저 잘들만 믿으시오. 내가 이리되어 있을수록 더욱더 잘 믿어야 됩니다. 아무 일도 없이 우리 도의 일은 더욱더 잘될 터이니 그저 잘들만 믿으시오. 나는 설사로 해서 매우 괴롭게 지냅니다. 그리고 돈 있으면 50냥만 들여보내 주시면 요긴하게 쓰겠소."*

해월신사의 답장을 본 제자들은 급히 용삼탕(茸蔘湯)과 50냥을 마련하여 감옥에 들여보냈으나 해월신사는 그 돈으로 감옥에 같이 갇혀 있던 사람들에게 떡을 구해 먹였다. 당시 감옥살이는 들창문 하나 없는 움막 같은 곳에서 굶주림에 지쳐 썩은 볏짚 베개를 뜯어서 씹곤 하는 비참한 삶이었다.

해월신사는 서소문감옥에 수감되어 있으면서 현재 종로1가 사거리 제일은행 본점이 있는 공평동 100번지 자리에 있던 고등재판소로 재판을 받으러 다녔다. 이곳은 조선 시대 의금부와 의금부에 딸린 감옥이 있었던 자리였으나 갑오개혁 이후에 법무아문 의금사(1894) → 고등재판소(1895. 3. 25~1899. 5. 30) → 평리원(1899. 5. 30~1907. 12. 23) → 경성지방법원(1907. 12-) →통감부 대심원(1908~1909. 10) →통감부 고등법원(1909. 11) →경성지방법원 및 경성복심법원(1912~1928, 정동으로 이전) → 종로경찰서(1929. 9) 등이 차례로 들어섰던 곳이기도 하다.†

이종훈은 날마다 김준식 집에 내왕하므로 해월신사의 재판 날을 미리 알고 있었다. 그래서 그날이 되면 새벽에 아침을 먹고 서소문감옥 문 밖에서 기다리고 있다가 10~11시경에 목에 칼을 쓰고 나오는 해월신사를 보았다. 해월신사는 목에 씌운 칼이 너무 무거워서 옥졸 한 사람이 칼 앞머리를 받들고서야 고등재판소까지 갈 수 있었다. 해월신사는 피체되기 전부터 설사로 고통을 겪고 있었는데 감옥에 수감되면서부터는 더욱 악화되어 중태에 이른 상태였다. 그래서 해월신사는 모전교(毛廛橋)나 혜

---

* 「신인간」 1927. 7. 20/조기간, 해월신사의 수형전후실기 .

† 1895년(고종 32) 4월 14일에 중부 징청방(澄淸坊)의 혜정교(惠政橋)가에 한성재판소가 설치되어 1907년 12월까지 한성부를 관장하였다. 한성재판소는 1907년 12월의 통감부의 법 개정으로 폐지되고 1908년부터 경성지방재판소로 명칭이 바뀌었다. <출처> 문화콘텐츠닷컴(문화원형백과 서울문화재 기념표석들의 스토리텔링개발) 2010, 한국콘텐츠진흥원

정교(惠政橋)를 지날 때는 한두 번씩은 그대로 길바닥에 주저앉아 쉬어야 하였다. 해월신사는 이런 모습으로 4월 20일경부터 서소문감옥에서 공평동 고등재판소를 왕래하면서 10차례의 재판을 받았는데 고등법원에서는 중죄인을 병사(病死)시키는 것은 나라의 체면이나 법의 위엄을 해친다고 생각하여 재판을 서둘렀다.

해월신사는 5월 29일(양 7. 18) 고등재판소 재판장 조병직(趙秉稷)에게 교형에 처한다는 다음과 같은 평결(大明律 祭祀編 禁止師巫邪術條)을 받았다.

○司法判決宣告書

江原道原州郡平民被告崔時亨年七十二京畿驪州郡平民被告黃萬己年三十九忠淸北道沃川郡平民 被告朴允大年五十三忠淸北道永同郡平民被告宋一會年三十三右被告한崔時亨과黃萬己와朴允大와宋一會의案件을檢事公訴에由하야此를審理하니被告崔時亨은丙寅年에杆城居筆墨商朴春瑞爲名人의게所謂東學을受하야善道로病을療하며呪文으로神을降한다稱하고列郡各道에周遊遍行하야侍天主造化定永世不忘萬事知란十三字呪文과至氣今至願爲大降이란八字降神文과東學原文第一編布德文과第二編東學論과第三編修德文과第四編不然其然文과弓弓乙乙之符로人民을煽惑하며徒黨을締結하고또伏人崔濟愚의萬年枝上花千朶四海雲中月一鑑이란詩句를幕尙하며法兄法弟의實心敬信함을因하야法軒의號를稱하고海月의章을刻하야敎長과敎授와執綱과都執과大正中正等頭目을各方에署置하고또包와帳이란會所를設하야徒衆을聚集함이千萬으로計한지라伏法한崔濟愚를伸冤한다稱하고往在癸巳에其徒弟數千人으로進闕陳疏타가旋卽解散하고또報恩帳內에多衆을聚集하야슬時에巡撫使의宣諭함을因하야各自散去러니甲午春어至하야被告의徒黨全琫準과孫化中等이古阜地方에黨羽를嘯聚하야乘機飆起하야官吏를戕殺하며城鎭을陷履하야兩湖之地가糜爛波盪한境에至하니被告가此에指使和應한事는無하다하나亂階와孽根을究하면被告의呪符惑衆함에由함이요被告黃萬己는去甲午五月에東從林學善의脅勒을受하야入道하야旋卽歸化하얏다가昨年七月에또林學善의言을聽하고尙道之地에大宗先生을義不可不見이라하야逃命한崔

時亨을訪見하고魚鮮을饋遺하얏고被告宋一會는甲午四月에東學에投入하야崔時亨이
靑山郡地方에在흘時에一次訪見한後至今年正月하야所親東從朴允大處에서崔時亨이
가利川郡地方에住在함을聞得하고沃川人朴哥處에說及하얏더니警務廳官人의게被捉
하야朴允大와限同前導하야原州郡地方에前往하야崔時亨을捕獲하얏고被告朴允大는
東學에投入하야崔時亨의女壻金致九家에雇傭타가警務廳官人의게被捉하야宋一會와
俱與前導하야原州地에서崔時亨을獲得한後因以得放하야歸途에所親東徒朴致景을逢
着하야該人에囑託을受하야葉錢二十兩을帶하고京中에前來하야崔時亨의食費를資助
할次로警務聽에來到하얏다가被捉한其事實은被告等陳供自服에証하야確鑿한지라此
를法에照하야被告崔時亨은大明律祭祀編禁止師巫邪術條一應左道亂正之術或隱藏圖
像燒香集衆夜聚曉散佯修善事扇惑人民爲首者律노絞에處하고被告黃萬己는同編司條
爲從者律노笞一百懲役終身에處하고被告宋一會는同編同條爲從者律노笞一百懲役終
身에處할만하나被告崔時亨을捕獲할時에前導한效勞가不無하니本律에二等을減하야
笞一百懲役年에處하고被告朴允大는同編同條爲從者律노笞一百懲役終身어處할만호
되崔時亨捕獲할時에指導한效勞가不無한즉宋一會와一體히二等을減훌지나崔時亨在
囚時에食費를資助하랴한故로一等뿐減하야笞一百懲役十五年에處하노라. 光武二年七
月十八日 高等裁判所 檢事 尹性普 檢事 太明軾 檢事試補 金洛憲 立會宣告 高等裁判所
裁判長 趙秉稷 判事 朱錫冕 判事 趙秉甲 預備判事 權在運 預備判事 金澤 主事 金夏鍵[*]

해월신사가 평결을 받은 다음 날인 7월 19일(음 6.1) 의정부 찬정대신이 임금에게
재판 결과를 상주(上奏)하여 곧바로 집행명령이 떨어지고 7월 20일(음 6. 2) 정오에 서
소문감옥에서 단성사 뒤편 고등법원 감옥서(교형장)[†]로 옮겨져 수감되었다가 오후 5시

* 〈官報〉第1008號 議政府總務局官報課. 光武2年7月12日(金) 〈고종시대사〉 4집/기사제목 東學教主 崔時亨
  은 大明律 祭祀編 1898년(戊戌, 1898, 淸德宗 光緖24年, 日本明治31年)7月18日(月) ※한글고문을 현대어
  로 고침(ㅎ→하)
† 참형 장소로 〈고등법원 감옥서〉로 기술하였으나 명확한 고증은 되지 않았다.

경에 교형에 처해졌다. 고등법원에서는 해월신사의 사형 집행에 앞서 최후 모습을 촬영하여 각 도 군과 외국 공관에까지 수백 장을 배포하였다. 이때의 사진이 현재까지 전해지고 있는 해월신사의 유일한 사진이다. 그런데 러시아어와 독일어 설명이 붙은 사진이 각각 있고, 또 해월신사의 손 위치가 다른 것으로 보아 한 사람이 여러 각도에서 촬영을 하였거나 또는 몇 명의 외국 기자들에 의해 촬영되었을 것으로 추측할 수 있는 개연성이 있다.

지금까지는 『신인간』(1927.7)에 실린 이종훈의 증언에 따라 해월신사의 순도지가 단성사 뒤편 육군법원 형장으로 알려져 왔으나, 육군법원은 1900년 9월 14일 설치되어 1907년 8월까지 존치되었던 육군의 사법 관서이기 때문에 잘못된 증언으로 보인다. 이종훈의 증언에서 공평동의 고등법원을 평리원으로, 또 종로3가의 고등법원의 감옥서(교형장)를 육군법원이라고 부른 것은 1927년 당시까지 일반인들이 습관적으로 옛 명칭을 그대로 사용한 것이라 하겠다.

당시 사형을 집행한 시신은 3일 후에 광희문(光熙門)* 밖에 버리도록 되어 있어 해월신사의 시신은 고등법원 감옥서(교형장) 뒤뜰에 2일 동안 그대로 있었다. 그런데 이선재의 아들이 밤에 몰래 담을 넘어와 신사의 시신을 난타하여 뒷머리가 크게 상하는 일이 생겼다. 이선재(李善在)는 동학농민혁명 때 관군 측 안성부 대대(安城部 大隊) 참령이었는데 동학군과의 전투에서 죽자 그 아들이 아버지의 원수를 갚고자 하는 생각을 하고 있던 중에 해월신사가 교형을 받아 교형장에 시신이 그대로 있다는 것을 탐지하고 저지른 짓이었다.

6월 4일 저녁에 해월신사의 시신이 나오기를 기다리던 이종훈은 쇠초롱 1개, 황초

---

* 시구문(屍軀門)·수구문(水口門)이라고도 하였으며 서소문(西小門)과 함께 시신(屍身)을 내보내던 문이다.1396년(태조 5) 도성을 축조할 때 창건되었으며, 1422년(세종 4) 개축된 것으로 추측된다. 『숙종실록(肅宗實錄)』에 1711년(숙종 37) 민진후(閔鎭厚)의 건의로 금위영(禁衛營)으로 하여금 개축하게 하고, 문루(門樓)는 목재를 구하기가 어려우므로 후에 개축하기로 하였다는 기사가 있으며, 1719년 문루를 세워서 광희문이라는 현판을 걸었다. 그 후 1975년 도성복원공사의 일환으로 석문을 수리하고 문루를 재건하였다. 『두산백과』

5가락, 우산 1개, 베 1필, 칠성판 1개 등을 준비하여 김준식과 상여꾼 두 사람을 데리고 광희문을 향하였다. 광희문 앞에 이르러 살펴보니 감옥서(좌포청) 두목(捕校頭目)으로 배가 뚱뚱하고 별명이 민뱃댁이라는 민홍오가 떡 버티고 서 있었다. 일행은 광희문을 통과하기가 어려운 것을 알고 슬그머니 되돌아 동대문으로 나가 성 밖의 길로 돌아서 광희문 밖에 이르렀다. 캄캄한 밤에 마침 비가 쏟아지기 때문에 다니는 사람도 없고 광희문를 지키는 사람도 보이지 않았다. 이종훈은 김준식과 함께 '동학괴수 최시형(東學魁首 崔時亨)'이란 팻말이 세워져 있는 무덤을 찾을 수 있었다. 초롱과 우산을 김준식에게 들게 하고 상여꾼 두 사람과 무덤을 파내는데 일꾼들은 시신에 손을 대는 것이 싫어서 괭이로 들추려 하였다. 이때 이종훈은 "아, 안 돼! 아무리 남의 시신이라도 돈을 받고 하는 일을 그렇게 해서는 아니된다. 너희들이 하체를 들라. 내가 상체를 들 터이니." 하고는 시신을 들어 땅 위에 놓았다. 그러고 나서 살펴보니 몸에는 허름한 요 한 겹이 감겨져 있을 뿐이었다. 요는 벗겨서 무덤 속에 버리고 시신을 칠성판 위에 놓고 그대로 베를 칭칭 감으려고 했으나 후두(後頭)가 크게 상해 상한 부분을 바르게 맞춰서 베로 쌌다. 그리고 무덤은 처음처럼 만들고 팻말도 다시 세워 놓고 비가 쏟아지는 밤을 새워 광나루를 건너 의암성사, 김연국, 박인호 등이 기다리고 있는 광주 송파에 도착하여 이상하(李相夏)의 집 뒷산에 장사를 지냈다.

그 후 1900년 3월 12일 해월신사의 묘소는 이상하가 관의 지목이 두려워 묘소 이장을 요청함에 따라 1900년 5월 1일 여주군 금사면 주록리 천덕산 천덕봉(天德峰, 630m) 아래 소시랑골 산중턱으로 이장하였다. 그리고 1980년 3월 21일 해월신사 탄신 153주년을 맞아 중앙총부에서 묘비(비문 이선근, 글씨 양재한)를 세웠다.

해월신사가 순도한 후 9년이 지난 1907년 7월 11일에 이르러 일진회원(一進會員) 박형채(朴衡采)* 등이 낸 청원서를 내각회의에서 논의한 후에 내각총리대신 이완용(李完

---

* 『侍天敎宗繹史』의 著者로 敎長을 역임하는 등 간부로 활동하였다.

用), 법부대신 조중응(趙重應)이 고종에게 상주하여 수운대신사와 해월신사의 신원을 재가하였다. 이에 대한 관보와 고종실록의 국역 기사는 다음과 같다.

○司法現接漢城南署美洞居朴衡采請願書內槪에往在甲子年에東學巨魁로被於死刑한崔濟愚와戊戌年에被死한崔時亨은歸於亂正邪道故로被禍하얏스니蓋出於措法之時宜而然이오나其後有志之士가往往探其學究其源則實由於西學을對照하야東學이라名稱하고爭慕其道하야東積西漸에如置郵而傳命하니現今蒙其學向其道者洽滿二百餘萬人이라何幸天道가循環하사敎門之大闢이온지라下燭後崔濟愚崔時亨을亟除罪案하고伸雪宿冤하와以副衆生齋鬱之地를伏望等因이온바此를査하오니該崔濟愚崔時亨을其時按法則然矣어니와際玆百度一新之會하야其在導迎祥和之地에不可無斟酌者焉하오니該兩人의罪名을原案에特爲爻周하야一以伸其情하고一以副衆願하온이如何하올지內閣官制第七條第七項에依하야內閣會議를經한後宜蒙特赦할事로內閣總理大臣과法部大臣이上奏하와奉旨依奏會於光武四年十二月頃李承麟李祖鉉案件處辦時에朴泳孝金彰漢李謙濟尹錫準을并以大明律賊盜編謀叛條謀而未行律노照하야缺席宣告하온바李承麟李祖鉉朴泳孝金彰漢은并皆蒙宥하옵고李謙濟尹錫準兩人이末蒙恩赦하오니其在一視之下에有欠平允之政이옵기內閣官制第七條第七項에依하야內閣會議를經한後宜蒙特赦할事로內閣總理大臣과法部大臣이上奏하와 奉旨依奏. 以上 七月十一日*

고종실록 기사 (국역) : 동학의 거두 최제우와 최시형의 죄명을 취소하다.
내각총리대신 이완용(李完用), 법부대신 조중응(趙重應)이 아뢰기를 "한성부 남서 미동(漢城府 南署 美洞)에 사는 박형채(朴衡采)의 청원서를 받아 보니, 그 내용에 '지난 갑자년(1864)에 동학의 우두머리로 사형을 당한 최제우와 무술년(1898)에 죽임을 당한 최시형은

---

* 〈官報〉 第3820號. 內閣 法制局官報課 光武11年7月17日(火曜日) * 『高宗實錄』 光武11年7月11日 『梅泉野錄』 光武11年 5月 ※한글고어를 현대어로 고침

정도(正道)를 어지럽히고 사악하게 하였기 때문에 사형을 당하였으니 시기에 맞는 법을 시행한 결과였습니다. 그러나 그 후 뜻있는 선비들이 이따금 그의 학문과 연원을 탐구해 보니 사실은 서학(西學)에 대조(對照)하여 동학(東學)이라고 칭하였고, 그 도를 앞을 다투어 숭상하여 동쪽에서 서쪽으로 점차 퍼지기를 마치 우체소를 설치하고 명령을 전달하듯이 되어 지금 그 학문을 받들고 그 도를 지향하는 사람이 200여만 명이나 됩니다. 다행히 하늘의 도가 순환해서 교화의 문이 크게 열리게 되었으니, 환히 살펴보신 다음에 최제우와 최시형을 속히 죄인 대장에서 없애 버리고 오랜 원한을 풀어 줌으로써 여러 사람들의 억울한 마음에 부합되게 하여 주기 바랍니다.' 하였습니다. 이것을 조사해 보니 당사자 최제우와 최시형을 당시의 법으로 다스린 것은 당연한 것이나 모든 것을 일신(一新)하는 때를 당하여 상서로움과 화기를 이끌어 오는 입장에서는 참작할 것이 없지 않습니다. 이 두 사람의 죄명을 본 대장에서 특별히 지워서 한편으로는 그의 사정을 풀어 주고 한편으로는 여러 사람들의 소원에 부합되게 해 주자는 내용을 가지고 내각의 의논을 거친 후에 특별히 용서해 주기를 바라면서 폐하의 재가를 바랍니다."라고 상주하니 윤허하였다.*

---

* 『조선왕조실록』 고종 48권. 44년(1907 정미/대한 광무(光武)11년)7월11일(양력) 3번째 기사【원본】52책 48권 34장 B면 [영인본] 3책 470면 [분류] *사상-동학(東學)/*사상-서학(西學)/*사법-행형(行刑)/*사법-재판(裁判)

해월신사(최시형)의 수형 직전 모습으로 해월신사의 유일한 사진이다.

題文章體法
文豈易言哉言
豈易言哉然實
則易也萬文弟

言不及乎一忠
先正其心法必得
言文如言

義庵

1913년 이종린 저작 문장체범의 의암성사가 쓴 제문(題文)

6. 다동 의암성사(손병희) 댁과 중앙총부 설치

한성부 남서 광통방 상다동(漢城府 南署 廣通房 上茶洞) 2통 10호

1906년 1월 28일 의암성사(손병희)가 권동진·오세창·양한묵·박인호 등과 함께 환국하였다. 도쿄 신바(新橋) 출발(1.20) → 오사카(1.21) → 고베(神戶) → 히로시마(廣島)(1.22) → 야마구치현(山口縣) 시모노세키(下關, 馬關)(1.23) → 간부연락선 쓰시마마루(對馬丸) 승선(1.24) → 부산 도착(1.25) → 대구(1.26) → 대전(1.27) → 남대문역 도착(1.28), 오후 1시경에 출영 인파 4~5천 명의 환영을 받으며 수행자 50~60명과 인력거를 타고 남서(南署) 광통방(廣通房) 상다동(上茶洞) 2통(統) 10호(戶) 자택에 도착하였다.

영수산에서 개기식(開基式)까지 거행하고도 교당을 건축하지 못하자 천도교중앙총부는 1906년 2월 16일에 상다동(上茶洞, 무교동) 홍문석골(紅門洞)에 설치하여 〈천도교중앙총부〉 현판을 달았다. 상다동은 1396년(태조 5)에는 한성부 광통방(廣通坊)에 속하였으며, 1751년(영조 27)에는 남부(南部) 광통방 대다방 북변계(大多坊 北邊契), 소다방 남변계, 모전계(毛廛契) 등이 다동에 해당하였고, 1894년(고종 31) 갑오개혁으로 행정구역을 개편할 때에는 상다동, 중다동, 하다동, 모교(毛橋) 등이 다동에 해당하는 지역이었다. 1914년 행정구역 통폐합에 따라 중다동, 모교, 상다동, 하다동 등의 각 일부가 통합되어 다옥정(茶屋町)이 되었다. 1943년 6월 구제(區制) 실시로 중구 다옥정이 되었다가,

1946년에 다동(茶洞)으로 개편되었다.*

중앙총부를 설치한 다옥정 집은 1906년 1월 28일 의암성사가 일본에서 귀국하여 살던 곳으로, 1922년 의암성사 환원 후에 주치의였던 박종환이 의암성사의 진료비로 춘암상사(박인호) 소유인 이 가옥에 대한 소유권 청구 및 손해배상 청구 소송을 하여 박종환에게 넘어간 것으로 추정된다.†

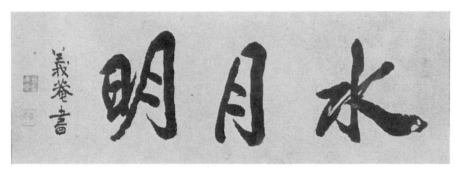

의암성사 휘호

* 제2판「洞名沿革攷」서울특별시사편찬위원회. 1992.2.27
† 《동아일보》1922.8.20/박인호 씨 상대로 두 번째 소송

1906년 상다동 홍문석골, 현재의 무교동에 천도교중앙총부가 설치되었다. 현재 그 흔적은 남아있지 않다.

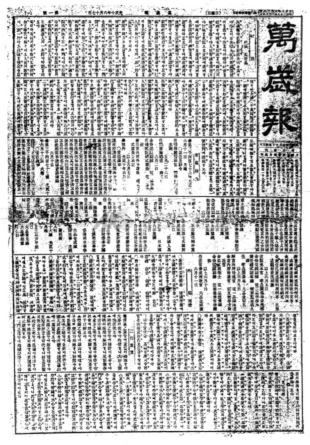

《만세보》 창간호

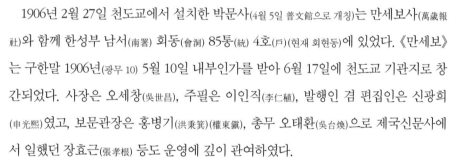

7. 《만세보(萬歲報)》 발행, 보문관(普文館)

한성부 남서 회동(南署 會洞) 85통 4호

1906년 2월 27일 천도교에서 설치한 박문사(4월 5일 普文館으로 개칭)는 만세보사(萬歲報社)와 함께 한성부 남서(南署) 회동(會洞) 85통(統) 4호(戶)(현재 회현동)에 있었다. 《만세보》는 구한말 1906년(광무 10) 5월 10일 내부인가를 받아 6월 17일에 천도교 기관지로 창간되었다. 사장은 오세창(吳世昌), 주필은 이인직(李仁稙), 발행인 겸 편집인은 신광희(申光熙)였고, 보문관장은 홍병기(洪秉箕)(權東鎭), 총무 오태환(吳台煥)으로 제국신문사에서 일했던 장효근(張孝根) 등도 운영에 깊이 관여하였다.

한편 만세보사의 인가와 때를 같이한 1906년 5월 8일 농상공부의 인허를 받고 자본금 50만환으로 보신상업주식회사(普信商業株式會社)를 설립하기 위한 주금 모집을 보문관(普文館)의 광고란을 통해 7월 27일부터 시작하여 게재하고 있었다. 회사 설립 목적이 표면상으로 '국내 상업 발달'로 되어 있으나 발기인이 김연국(金演局), 박인호(朴寅浩), 홍병기(洪秉箕), 권동진(權東鎭), 오세창(吳世昌), 양한묵(梁漢黙), 천장욱(千章郁), 이용한(李容漢, 9월 30일부터 崔岡으로 교체) 등 천도교의 간부들로 되어 있었고, 만세보사와 보문관의 재정을 충당하기 위한 방편으로 회사 설립을 추진하였으나 주금이 모집되지 않아 회사 설립은 결실을 보지 못하였다.

보문관의 출판 시설은 증기기관을 사용하는 4대[座]의 최신 활판인쇄기를 사용하였는데, 《만세보》뿐 아니라 중앙총부에서 발행한 『천도교전(天道敎典)』, 『천도교지(天道敎志)』, 『천도태원경(天道太元經)』, 『교우자성(敎友自省)』, 『초등교서(初等敎書)』 등의 교서(敎書)를 인쇄하기도 하였다.

초창기의 만세보사는 당시 각 학교와 각 신문사 등에 많은 보조금을 기부할 수 있는 재정을 가진 교단의 후원으로 비교적 순조롭게 운영되었고, 특히 1906년 8월 16일에는 고종 황제로부터 내탕금(內帑金) 1천환을 하사받기도 하였다.

창간 직후에는 시내의 9개소에 발매소를 설치하여 신문 보급에 나섰는데 서점, 약국, 정거장은 물론 개인 집에까지 발매소를 설치할 정도로 구독 신청이 늘어나 인쇄 시설을 증설하여야 할 만큼 발행 부수가 증가하였다.

《만세보》는 1906년 7월 22일부터 50회에 걸쳐 신소설 「혈의 누」와 「귀(鬼)의 성(聲)」을 연재하였다.

한편 친일 단체 일진회(一進會)를 강경한 논설로 계속 공격하였으며 반민족적인 행위 등을 단호히 규탄하고, 내부대신 이지용(李址鎔)과 군부대신 이근택(李根澤)의 비행을 강력히 비난·규탄하였다. 이에 친일지인 《국민신보(國民新報)》가 8월 31일 「기서(寄書)」 제하에 만세보사 설립 자금 출처에 대해 시비(是非)를 하는 비열한 욕설과 공갈로 논박하는 등 친일 세력들의 방해와 통감부의 간섭과 압박으로 《만세보》는 발행 부수가 감소하고 재정난은 점차 심각해져 인쇄 시설의 보수조차 어려운 상태로 창간호부터 한문을 모르는 일반 독자를 위해 사용하였던 '루비 활자' 지면이 202호(광무 11.3.9)부터는 사라지게 되었다.

결국 1907년 2월 6일에는 회동에서 만세보사와 함께 운영하고 있던 보문관도 중앙총부 내로 이전하였으며, 《만세보》는 1907년 6월 29일 제293호를 종간호로, 정간(停刊)이나 폐간 또는 매각에 관한 1단의 사고(社告)도 없이 폐간되고 말았다. 만세보사의 시설을 일본인에게 매각한 것으로 보이지만, 사실은 이완용 내각이 언론기관의 필요성을 느껴 이인직(李人稙)으로 하여금 만세보사를 매수케 한 것으로 이완용 내각의 사주를 받은 이인직은 만세보사의 시설을 사용하여 광무 11년 7월 18일에 이완용 내각의 기관지《대한신문(大韓新聞)》을 창간하고 그 사장이 되었다.

보문관에서 인쇄한 중앙총부의 교서들

8. 중부 관인방 대사동 의암성사(손병희) 집

한성부 중서(中署) 사동(寺洞) 19통 8호

    1906년 9월 25일 의암성사 댁은 중서(中署) 사동(寺洞) 19통(統) 8호(戶)로 이전하였다. 그런데 1907년 8월 13일 중앙총부를 대사동(大寺洞) 19통 8호로 이전하였다는 신문기사는 중앙총부를 대사동과 가까운 정선방 면주동(낙원동-紬洞, 명주전골)으로 이전한 것을 대사동으로 표기한 것으로 보이며 현재 위치를 확인할 수 없다.[*]

    조선 시대 한성부 중부 관인방에 있던 계로서, 탑골공원 자리에 큰 절인 원각사(圓覺寺)가 있었으므로 큰절골, 댓절골, 대사동, 사동이라고 부른 데서 계 이름이 유래되었다. 후에 계의 규모가 커져 계를 1패부터 4패까지 나누었는데, 갑오개혁 후 1패부터 4패를 합하여 대사동계, 철물교계, 탑동계로 나누었다.[†]

---

[*]   의암성사 댁 中署 寺洞 19統 8戶로 이사하다.《만세보》1906.9.26 중앙총부를 大寺洞 19統 8戶로 이전《황성신문》1907.8.15

[†]   조선 시대 행정구역 『서울지명사전』 2009.2.13, 서울특별시사편찬위원회

9. 면주동 천도교중앙총부, 춘암상사(박인호) 대도주 선수터

중서(中署) 정선방(貞善坊) 면주동(綿紬洞) 2통(統) 6호(戶)

1907년 9월 6일에 천도교중앙총부가 이전한 곳이다.*

1908년 1월 18일 오전 11시에 중서(中署) 정선방(貞善坊) 면주동(綿紬洞) 2통 6호 명주전골[낙원동, 돈의동, 종로3가동에 걸쳐 있던 마을로 이곳에 명주전이 있던 것에서 그 이름이 유래되었으며 주동(紬洞)이라고도 하였다]에 있는 중앙총부 장실(丈室)에서 박인호가 의암성사(손병희)에게서 대도주의 종통을 이어받는 선수식이 이루어졌다. 장실에는 이미 의암성사가 좌정한 가운데 박인호가 참석하였고, 이종훈, 홍병기, 오세창, 권동진, 오영창, 양한묵 등을 비롯한 많은 사람들이 참석하였다. 이때 장실은 아주 조용하였는데 이 자리에 참석한 사람들은 모두 긴장해서 의암성사가 무슨 말을 하려는 것인지 기다리고 있었다. 이때는 동학을 천도교로 선포하여 천도교라는 이름이 세상을 크게 놀라게 한 후 몇 해가 되지 않았으나 교회는 날마다 흥성해 오던 때였다.

그러나 김연국이 천도교와 의암성사를 배반하는 바람에 교회가 편안하지 못하여 교인들의 마음속에는 우울과 번민과 충동이 복잡하게 얽혀 있었기 때문에 이런 분

* 《황성신문》1907.8.6~8.7~8.9~광고

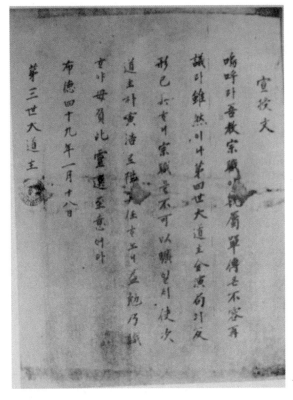

위기가 장실 안에 가득 차 있었다. 그러나 의암성사만은 안색에 화기가 돌고 평화로운 기운이 숨결과 숨결 사이로 흘러나왔다. 그리고 곧 의암성사의 몸이 한 번 가늘게 움직이자 여러 사람들의 몸도 저절로 흔들리게 되었다. 의암성사가 한번 자리를 고쳐 앉거나, 손을 들어 몸짓을 할 때, 음성이 높았다 낮았다 할 때, 그리고 음성이 느렸다가 굵어질 때마다 장실 안의 사람들 얼굴에는 평화로운 빛이 시시각각으로 나타났다. 의암성사는 드디어 박인호에게 도통을 전수하니 이때의 선수문은 천고(千古)에 바꾸지 못할 전형(典型)이 되었다. 이때 의암성사는 "김연국은 본래 손병희를 도와서 똑같이 대도의 책임을 다하라고 한 해월 선생의 유지대로 10년간이나 함께 일해 온 사람이다.

그래서 지난해 8월 26일에 대도의 책임을 김연국에게 맡겼더니 김연국이 대도의 정신을 어지럽게 하여 몇 번째 반동을 하여 오던 터라 이제 다시 그 사람에게는 어찌할 수 없다는 것을 알았다. 그리고 천도교 대도주의 자리를 오래 비우지 못하기 때문에 이제 나의 심법(道法)을 박인호에게 전하는 것이다. 차도주 박인호(朴寅浩)! 이분은 나의 가장 믿음 있는 분이요 얼마 전부터 늘 이분에게 나의 심법(心法)을 전하리라는 작정이 있었다. 이후에 다른 사람들이 이 일에 대하여 왈가왈부한다 해도 나의 심법은 오직 이분에게 선수한 것이므로 우리 교조(敎祖)의 큰 정신을 바르게 후세에 전할 다른 사람은 없을 것이다. 그래서 이분에게 그 대도의 책임을 맡기는 것이다. 이후에는 이분이 시키시는 대로 대도의 일을 하라."고 흥분된 어조로 말을 마쳤다. 이렇게 의암성사가 말을 마치자 장실에 있던 사람들은 정신이 새로워짐을 느끼면서 풀기 어려운 큰 문제가 풀리고 대도의 수(數)가 확실히 정해졌다는 것을 알게 되었다.*

이곳 명주전골은 낙원동과 돈의동 일대에 걸쳐 있던 곳으로 정확한 장소는 확인할 수 없으나 1908년 4월에 남부 대평동 홍문동(南部 大平坊 弘門洞 5統)으로 이전할 때까지 중앙총부가 있었던 자리이다.

---

* 「천도교회월보」 제228호 1929.12.15 p36 /布天下 師師相授(3)

10. 기와집 천도교중앙총부

한성부 남부(南部) 대평방(大平坊) 홍문동(弘門洞) 5통(統)

　1908년 4월에 남부 대평동 홍문동(南部 大平坊 弘門洞 5統)[*] 수표교 부근의 큰 기와집으로 이전하였다. 현재 확실한 위치는 찾을 수 없다.

　을지로 입구 동북 방향에 있는 삼각동은 이곳의 지형이 서쪽은 넓고 동쪽으로 가면서 좁아지는 삼각형 지형으로 생긴 데서 유래되었다. 또 조선 중종 때 김처선(金處善)이 양부모에게 효도한 것을 표창하기 위해 세운 홍살문이 있던 데서 마을 이름을 홍문선골 홍문섯골이라고도 하였다. 삼각동은 조선 초기 한성부 남부 대평방(大平坊)의 일부 지역이었으며, 영조 27년(1751) 간행된 『도성삼군문분계총록』에는 남부 대평방 하홍문계로 되어 있다. 1894년 갑오개혁 뒤 남서(南署) 대평방 대광교계 광교동·사자청동, 광교계 동천변동, 홍문동계 홍문동, 곡교계 곡교동, 소광교계 소광교동으로 되었다. 1914년 4월 1일 경성부 구역 획정에 따라 경기도고시 제7호에 의해 경성부 남부 대광교동·사자청동·소광교동 일부와 홍문동·곡교동을 합쳐 삼각정으로 하였으며, 1943년 6월 10일 조선총독부령 제163호로 구제도(區制度)가 실시되면서 중구 삼

[*]　중앙총부를 茶屋町에 설치하였다가 곧 수표동의 큰 한옥으로 옮겼다. 『신인간』 1975.4.10/4월의 추억-孫溶嬅

각정이 되었다. 그 후 1946년 10월 1일 일제식 동명을 우리 동명으로 바꿀 때 삼각동이 되었다. 1975년 1월 1일 서울특별시조례 제979호에 의해 태평로1가 동사무소의 관할이 되어 오늘에 이른다.*

삼각동 일대

* 『서울지명사전』 2009.2.13. 서울특별시사편찬위원회

11. 천도교 한성교구와 각 전교실

서울특별시 종로구 관훈동 외

1910년 4월 21일 천도교중앙총부에서 한성부에 교구를 설립하기로 함에 따라 5월에 훈동(관훈동) 13통 10호 이교홍의 집에 한성교구실을 정하였다.* 그리고 1916년 11월 14일에는 개성부골의 교구가 협착하여 불편하므로 송현동 중앙총부 북쪽 담장 뒤에 있는 집으로 이전하였다. 그리고 1920년 5월에 설립한 개벽사는 경성교구의 1칸 반짜리 온돌방을 임차하여 본사 사무실로 사용하였고, 이곳에서『개벽』을 창간하였다.† 1921년 2월 중앙총부가 송현동에서 경운동으로 이전하였으나 경성교구는 송현동에 그대로 있다가 1928년경에 경운동 중앙총부로 이전한 것으로 추측된다. 한성교구가 설립되기 전 1906년 2월부터 5월까지 사이에는 한성 전역에 걸쳐 16개소에 달하는 전교실이 설립되어 전국 지방 교구에서 설치하던 전교실과는 달리 한성교구가 없이 중앙총부에서 관장한 것으로 보인다.‡

---

* 〈종령/제51호〉《대한매일신보》1910.5.14

† 『별건곤』제30호, 1930.7.1 / 개벽사 약사

‡ 『서울교구사』 2005, 2.21. 서울교구사편찬위원회

■ 제1호전교실. 전교사 조필현(趙弼顯). 1906.2.16

■ 제3호전교실. 남서(南署) 죽동(竹洞) 58통 1호. 전교사 신태항(申泰恒)의 집. 1906.4.3

■ 제7호전교실. 중서(中署) 중곡(中谷) 46통 4호. 전교사 정석영(鄭錫永)의 집. 1906.2.19

■ 제8호전교실. 중서(中署) 입동(笠洞) 48통. 7호 현덕호(玄德鎬) 김영우(金永祐)의 집. 1906.3.1

■ 제9호전교실. 남서(南署) 초동(草洞) 6통 8호. 1906.3.2

■ 제10호전교실. 남서(南署) 산림동(山林洞) 46통 8호. 이유헌(李裕憲)의 집. 1906.3.2

■ 제11호전교실. 중서(中署) 상마동(上麻洞) 30통 7호. 전병황(全秉璜)의 집. 1906.3.6

■ 전교실. 용산방(龍山坊) 상계(上契) 33통 4호. 전교사 박득수(朴得洙)의 집. 1906.4.11

■ 부인전교실. 남서(南署) 87통 4호. 박영묵 가(朴永默 家). 전교사 장○영(張○永)의 집. 1906. 4.15

■ 부인전교실. 남서(南署) 초동(草洞) 7통 1호. 전교사 전원(全元)의 집. 1906.4.24

■ 부인전교실. 서서(西署) 사직동(社稷洞) 47통 2호. 이구(李九)의 집. 1906.5.17

■ 전교실. 용산방 동문외계(東門外契) 34통 3호. 홍병욱(洪秉旭)의 집. 1906.5.21

1910년 10월에 신축한 송현동 중앙총부

12. 천도교중앙총부, 보성전문학교, 보성초등학교, 천도교 한성교구(경성교구)

서울특별시 종로구 율곡로3길 49 (송현동 34)

(1) 천도교중앙총부

천도교중앙총부에서는 1909년 5월에 경성부 북부 대안동 40통 4호 김진혁의 가옥과 대지 586평을 3천환에 매입하여 가옥은 철거하고 1만환 이상의 예산으로 50평짜리 연와제 2층 건물을 9월에 신축하였다.[*] 그런데 대안동은 1914년 4월에 행정구역의 통폐합에 따라 송현동(松峴洞) 34번지로 지명이 변경되었다.[†] 1910년 10월에 준공한 송현동의 2층 신축 건물은 중앙총부 본관으로 사용하였는데 사진은 남아 있으나 애석하게도 신축에 관한 기록은 찾을 수가 없다.[‡]

[*] 敎堂始築《대한매일신보》1910.5.29/1910.6.9

[†] 송현동(松峴洞)은 조선 초에는 漢城府 北部 觀光坊에 속해 있었으며 1894년 갑오개혁으로 漢城府 北署 觀光坊 中學契, 松峴 碧洞 大安洞契 古里井洞 大安洞 일원이 되었다. 1910년 10월 1일 조선총독부령 제7호로 漢城府가 京城府로 바뀌고 1911년 4월 1일 경기도령 제3호로 북부 松峴 碧洞 大安洞契 古里井洞 大安洞으로 되었다. 그 후 1914년 4월 1일 京畿道告示 제7호로 경성부 관내의 186개 동의 명칭을 새로 제정하면서 송현 벽동 일부와 고리정동을 합하여 송현동이라 하였다. 제2권[洞名沿革攷]서울특별시사편찬위원회.1992.2.27. 「천도교회월보」 제47호, 1914.6.15 및 「천도교회월보」 제48호, 1914.7.15/중앙총부내 천도교회월보발행소

[‡] 중앙총부가 있던 위치는 현재 덕성여자중학교가 있는 곳으로 종로구 송현동 34번지이며, 그 맞은편 덕성여고가 있는 곳은 안국동이다. (제2권[洞名沿革攷]서울특별시사편찬위원회.1992.2.27)

송현동 천도교중앙총부 정문

그 후 1916년 11월 10일에는 중앙총부 옆의 가옥 두 채(기와집 67평, 초가집 14평)를 900원에 매입하여 경내 총면적을 593평으로 확장하였고, 기와집은 중앙총부 사무실로 사용하고, 기존의 건물 1층은 성화실로, 2층은 교회월보사, 청년회, 개벽사 등의 사무실로 사용하였다. 1921년 2월 중앙총부가 경운동으로 이전하였으나 3월까지는 천도교단에서 사용하였다.* 그리고 2층 건물은 4월 1일부터 전동에 있던 보성초등학교가 옮겨와 1년간 교사로 사용하였고, 중앙총부로 사용하던 기와집은 철거하고 이 자리에 62평의 목양제 2층 보성전문학교 교사를 신축하였다. 이때 중앙총부 동편에 목조 2층 부속 건물(현재 정문 옆 북쪽)을 지어 의암성사(손병희)가 사용하였다는데, 이 건물은 1980년 초까지 덕성여자중학교에서 1층은 숙직실, 2층은 음악실로 사용하다가

---

* 1921년 3월 21일 송현동 구 교당에서는 청년회가 주최한 단기교리강습회의 수료식이 수료생 200여 명이 참석한 가운데 성대하게 거행되었다. 「교회월보」 1921.4.15

송현동 중앙총부 별관

철거되었다.

　1910년대 초 천일기념일 등의 행사에 교인 수천 명이 전국에서 모였는데 공간이 협소하여 마당에서 행사를 개최하고 행사 후에 갖는 원유회는 가회동(삼청동) 취운정에서 개최하였다.

　1915년 11월 20일 중앙총부 성화실에서는 최초로 진천군 출신의 이종석이 남평문과 재혼하는 신식 결혼식을 하였고, 1917년 4월 8일에는 이종린의 주례로 방정환과 손용화의 결혼식을 올리기도 하였다.

송현동 옛 중앙총부 터 표석

위 / 송현동으로 이전하기 전 낙원동의 보성전문학교 교사

아래 / 송현동의 보성전문학교(사진 왼쪽. 1922), 사진 오른쪽은 천도교중앙총부

보성초등학교 제14회 졸업 기념. 우측 상단 원 안이 교주(校主) 박인호

(2) 사립보성전문학교

1921년(대정 10) 12월에 설립된 재단법인에서는 1922년 2월 28일 조선교육령에 의한 사립보성전문학교 설치인가 신청을 하여 총독부 학무국으로부터 인가를 얻어 1918년 9월부터 낙원동에 임시로 있던 보성전문학교를 송현동 천도교중앙총부 자리로 이전하고 1922년 9월부터 신축 교사에서 개교하였다. 학교설치인가 신청에는 개교일이 4월 1일로 되어 있으나 입주가 다소 늦어진 것으로 보인다. 이때 보성초등학교가 사용하던 구 건물과 새로 신축한 목양제 교사를 사용하였다. 중앙총부 건물 1층에 교실 3개, 2층에 교실 2개, 신축 목양제 2층 교사 1층에 교실 1개, 복도, 사무실, 교장실, 교수실 등이 있고, 2층에 교실 2개, 작은 창고, 복도가 있었다. 1922년 4월의 보성전문학교가 있는 송현동의 모습은 현재와 같은 위치에 있는 동쪽 정문을 들어서

면, 정문 우측에 작은 숙직실이 담장에 붙어 있고, 우측으로는 1910년에 지은 연와제 2층 교사가 있고, 정문에서 바라보이는 서북쪽에는 2층의 목양제 교사가 있었다. 연와제 건물 뒤편에는 화장실과 창고가 있고 교사 2동이 있는 남쪽은 운동장으로 사용하였으며, 학교 주위에는 담장을 쌓았다. 보성전문학교는 1934년 9월 29일 안암동으로 이전할 때까지 이곳에 자리하고 있었다.[*]

(3) 사립보성초등학교

한편 전동에 보성고등보통학교(중학교)와 함께 있던 보성초등학교는 운동장 사용 등에서 불편함이 많았는데 마침 1921년 2월 천도교중앙총부가 경운동으로 이전하자 4월 1일부터 송현동으로 이전하여 중앙총부 건물을 교사(1층 3개 교실, 2층 2개 교실)로 사용하였다. 1922년 3월 1일에는 개교 제17주년 기념식을 거행하고 3월 22일에 제17회 졸업식까지 거행하였으나 천도교의 재정 악화로 학교 경영이 점차 어렵게 되었고, 더구나 4월부터는 보성전문학교가 이곳으로 이전하게 되었다. 3백여 명의 재학생이 있는 보성초등학교(校長 鄭道俊)는 마땅한 교사가 없어 시내 영성문 안에 있는 정동 1-8번지 불교중앙포교소 대표 해인사 주지(住持) 이회광(李晦光)과 정동의 불교중앙포교소 부속 건물과 600평의 운동장을 무료로 사용하는 계약을 체결하여 송현동을 떠나게 되었다.

---

[*] 1905년 9월 5일 설립된 보성전문학교는 전동(磚洞) 러시아학교 자리에 있는 학부의 건물은 빌려 개교하였다. 최용익의 해외 망명으로 재정난에 처하자 1910년 12월에 천도교에서 인수하여 경영하였다. 1914년 6월에 구 교사를 헐고 목조 2층 교사를 신축하여 주간에는 초등학교와 중학교가, 야간에는 전문학교가 사용하였다. 1918년 9월 낙원동 교사로 이전하였다가 1922년 9월 송현동의 중앙총부 옆에 2층 교사를 신축하여 이전하였고, 1933년에 안암동의 6만 2천 평 부지에 교사를 신축하여 1934년 9월 29일에 이전하였다.

(4) 천도교 한성교구(경성교구)

1910년 4월 21일 중앙총부 부회 결의로 훈동 이교홍의 집에 한성교구실을 설치하고 교인을 모집하기 시작하였다.[*] 그리고 1911년 2월에 전동 개성부골로 이전하였는데 집이 협착하고 유벽하여 사무에 불편함이 많아 1916년 11월 24일 송현동에 있는 중앙총부 뒷집으로 이전하였다.[†]

1916년 11월에 송현동으로 이전한 경성교구는 중앙총부(보성학교 등) 경내에 있지 않고 북쪽 담장 뒤편에 있었다. 그런데 1922년 보성전문학교 설치인가 신청 첨부 도면에 〈천도교구실 소유〉라고 기록되어 있고 또 3·1운동 직후 교회 재산을 정리하기 위해 작성한 교회 재산 목록에도 없는 것으로 보아 경성교구에서 마련한 별도의 재산으로 추측된다.[‡] 그 후 경성교구가 언제까지 이곳에 있었는지는 알 수 없으나 '경운동에 있는 경성종리원'이란 당시 신문 기사를 보아 1928년경으로 추정된다.[§]

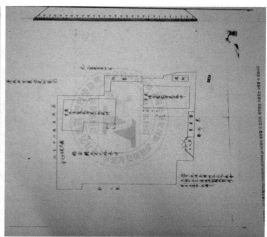

보성전문학교 1922년 설립인가신청서 및 도면

---

[*] 始築敎堂《대한매일신보》1910.5.14
[†] 「교회월보」제77호, 1916.12.15 『신인간』 1977.8.30/묵암비망록
[‡] 普成專門學校 設置認可 申請/學校設置認可(總督府記錄第538號)〉1922.3
[§] 《동아일보》1928.6.5/시내 경운동에 있는 경성종리원에서는…

위 / 천도교 교역자강습소 제1회 졸업 사진 (1909.5.31)

아래 / 천도교중앙총부 사범강습소 제1회 졸업생 (1910.1.27, 사동)

13. 북부 전동(磚洞) 보성학교

서울특별시 종로구 우정국로45 (견지동 58-1, 경성부 수송동 44번지 (1914.7부터))

(1) 천도교 사범강습소와 종학강습소

천도교는 교회 제도를 정비하는 한편 교역자를 양성하기 위하여 1908년 6월 각 지방에 교리강습소를 설립하였다. 특히 야학강습소까지 설치하였는데 강습소에서는 교리뿐 아니라 보통학교 수준의 교육을 실시하였다. 강습 기간과 과목은 본과 3년, 특별과 2년, 속성과 3개월의 과정으로 조선어, 한문, 일본어, 산술, 역사, 이과, 도서, 농업, 창가, 체조 등을 가르쳤다. 또한 지방에서의 강습을 위하여 1909년 2월에는 중앙에 특별사범강습소를 설치하고 25세 이상의 청년 213명을 선발하여 강습을 시켰다. 그리고 이듬해 1910년 3월에는 각 지방 800개소에 강습소를 설치하였다. 1911년 2월 20일부터는 천도교중앙총부에 있는 총인원(叢人院)을 강도실로 만들어 중앙총부 직원들과 일반 교인들에게 강습을 실시하였다. 이때 한성교구에 교리강습소가 설립되는 등 각 지방에 강습소가 증가하자 6월에는 강습소 관리 규칙을 정하였다. 그리고 이제까지 지명으로 사용하던 강습소의 명칭을 제1, 제2… 강습소로 순번을 부여하였는데 각 지방에 계속 강습소가 증가하여 1912년 7월에는 제358강습소에 이르렀다.

이와 같이 강습소가 증가하자 1912년에 종학강습소규칙과 학교규칙을 개정하였다. 이 규칙에 따라 6월 22일에는 고등과 69명과 상과 60명에게 증서를 수여하는 제 1회 졸업식을 중앙총부에서 거행하였다. 그 후 1921년에는 종학원 수료생이 무려 200명에 이르렀다. 그런데 대사동(인사동 정치대학이 있던 자리)에 설치한 사범강습소는 1910년 12월 20일 보성중학교를 인수하자 학습 과정이 대동소이하여 보성중학으로 합병하고 대사동에는 동덕여학교를 이전시켰다.*

(2) 사립보성전문학교

보성학교는 1905년(광무 9, 을사) 4월 3일에 구한국(舊韓國)의 내장원경(內臟院卿)이었던 이용익(李容翊)이 설립한 전문학교와 보성소학교를 일컫는다. 이용익은 고종의 총애를 받아 내장원경으로 있으면서 황실 재산을 관리하는 한편 많은 정치자금을 마련하여 고종에게 바쳐 왔다. 이용익은 러시아와 일본 간에 긴장이 급박해지자 반일련노운동(反日聯露運動)을 꾀하다 일본군에 납치되어 잠시 일본에 머무르다가 귀국하였다. 이때 귀국하면서 3천 권의 도서와 인쇄 시설을 가지고 와 보성학교와 보성사활판소†를 설립하였다. 3월 1일 학생을 모집하고 북부 전동(北部 磚洞)에 있는 러시아어학교 자리에 있는 집을 빌려 개교하였다. 이때 수차에 걸쳐 신문에 낸 학생 모집 광고를 보면 다음과 같다.‡

〈학원(學員) 모집 광고〉
금에 보성전문학교를 신설하고 일반 국민의 전문 학업을 양성코져 하야 일교(一校)내에 5개 전문과를 분설하고 내외국 법률급 실업학 등을 교수하오니 원학인은 본월 30일

---

* 강습소와 女子義塾 「천도교회월보」 제6호, 1911.1.15
† 申海永과 趙齊恒 兩氏 1906년 7월 中署 磚洞 12統 1戸에 普成館을 설치 《황성신문》 1906.7.9
‡ 《皇城新聞》 1905.3.22(3)

황성신문에 게재한 보성학교 학원(學員) 모집 광고

음2월 25일 내에 본교 사무소로 래(來)하야 청원하시오. 학교 처소는 전동 전 아어(俄語) 학교. 각 전문과 과목 (1) 법학전문과 (2) 이재학(理財學) 전문과 (3) 농업학전문과 (4) 상업학전문과 (5) 공업학전문과 우 각 전문과의 과정은 호번(浩繁)하므로 자에 생략함. 입학 시험일은 본월 30일 음2월 26일 상오 11시 시험 과목 내외국지지(地誌)급 역사 국한문 독서급 작문 산술. 단, 관공사립학교의 보통과 이상 졸업증서가 유(有)한 인은 시험을 불요(不要)할 사(事). 우(右) 각과 중 입학인의 연령은 20세 이상으로 정함. 개학일 4월 1일 음 2월 27일 각 전문과 담당 강사는 외국에 유학하야 전문 졸업한 인으로 20인을 선정하고 기씨명(其氏名)은 호번(浩繁)하므로 자에 생략함.

우 각종 전문과 외에 외국어학 1과를 특설 부속함.

사립보성전문학교 교장 신해영, 교감 조제환, 학감 정영택, 사립보성전문학교

그런데 이용익이 을사보호조약 체결 후 국외로 나가 이듬해 1월 해삼위(블라디보스

전동의 보성학교 전경. 우측 회나무는 현재 조계사 경내에 그대로 있다. 사진 왼쪽부터 사립보성초등학교, 사립 보성고등보통학교, 사립보성법률상업학교, 보성사 간판이 보인다.

토크)에서 죽자 그의 손자 이종호(19세)가 학교를 유지하게 되었다. 그러나 그는 보성 학교 외에도 협성학교, 강화 보창학교, 청주 보성학교, 명천 진선학교 등의 운영에도 관여하고 있어 재정 문제에 어려움을 겪게 되었다. 그래서 보성대학교로의 승격을 추진하던 보성학원이 재정난에 봉착하자 정부에서는 재정 보조를 미끼로 관립으로 전환시키려고까지 하였다. 그런데 1910년 한일합병이 되자 돌연히 이종호가 해삼위 로 망명을 하는 바람에 학교는 폐교에 이르게 되었다.

이때 교주가 없는 보성학교를 이끌던 직무대리 윤익선이 천도교 측에 보성학교를 인수·운영할 것을 제의해 왔다. 이렇게 해서 1910년 12월 21일 천도교회에서는 전동의 보성전문학교와 보성사활판소 및 새문[新門] 밖 매동(梅洞) 소재의 구(舊) 중추원(中樞院) 내에 있던 보성소학교를 인수하였다.*

천도교에서는 우선 채무 청산을 위해 8천원을 지불한 후 학교 명의를 박인호로 변경 신청하였다. 그리고 교감으로 있던 윤익선을 교장으로, 중학교와 소학교 교장 대리에는 최린을 임명하였다. 1914년 7월 5일부터 8월 25일까지 구(舊) 교사(校舍)를 철거하고 2층 양옥 117평과 부속 건물 30평을 신축하여 10월 31일에 완공해서 주간에는 중학교와 소학교가 사용하고 야간에는 전문학교가 사용하게 되어, 서쪽에 있는 정문에는 벽돌로 쌓은 4개의 기둥이 있었고, 그 기둥마다 사립보성초등학교, 사립보성학교, 사립보성법률상업학교, 보성사(인쇄소)의 간판이 각각 있었다. 2층 목조 교사 뒤편에 견지동으로 통하는 길이 있었는데 지금은 조계사의 정문이 되었고, 그때 있었던 회화나무와 백송은 지금도 남아 있다. 이 교사는 보성학교가 1927년 5월 혜화동 신축 교사로 옮겨 간 후 헐리고, 그 자리에 조계사가 들어서게 되었다.

그 후 보성전문학교는 1918년 9월 교사를 낙원동(정치대학 자리)으로 이전하였다가, 1922년 4월에는 천도교중앙총부가 있었던 송현동에 신축한 600평의 2층 교사로 이전하였다.†

그런데 일제 당국은 1915년 보성전문학교가 재단 설립이 되지 않은 것이 구(舊) 전문학교 규칙에 저촉된다는 이유로 전문교육기관의 자격을 인정하지 않았다. 그래서 1915년 6월 전문학교규칙에 따라 6월에 학교 이름을 〈사립보성법률상업학교〉로 변경하였다. 그 후 교장 고원훈(高元勳) 등이 재단법인 설립을 추진하여 1921년(대정 10)

---

* 「普成校引繼」北部 磚洞에 在한 보성전문중학교와 新門 外에 在한 보성소학교는 조선교육계에 효시로 第一脂를 屈하는 학교인데 邇來 경비가 窘絀하여 維持가 沒策하므로 知者의 慨歎이 殊甚하더니 本敎에서 永遠維持하기 위하야 本年度부터 此를 인계하였고 동시에 普成社活版所도 인계하고 昌新館活版所는 이를 병합하다. 「천도교회월보」 제6호, 1911.1.15

† 천도교는 1916년 11월 10일 송현동 중앙총부 옆 가옥 두 채(기와집 67평, 초가집 14평)를 900원에 매입하였다.

위 / 보성전문학교 구 교사
아래 / 보성전문학교 신축 교사

12월 18일 천도교에서 박인호가 10만원, 진주 김기태(金琪邰)가 15만원, 그리고 58명
의 유지들이 1천~3만원씩의 기부금을 내서 총자본금 43만3천원으로 재단법인을 설
립하였다. 이때 재단 이사는 김기태(金琪邰), 박인호(朴寅浩), 서상호(徐相灝), 김상범(金相
範), 오동준(吳東準), 장길상(張吉相), 김병로(金炳魯), 이승우(李升雨), 이광설(李光卨), 서상권
(徐相權), 정광조(鄭廣朝), 오상준(吳尙俊), 고원훈(高元勳) 등 13명으로 천도교회에서 3명

이 참여하였고 실무는 오상준이 담당하였다. 1922년 2월 28일 조선교육령에 의한 사립보성전문학교 설치인가 신청을 하여 총독부 학무국으로부터 인가를 얻어 1922년 4월 1일부터 송현동 교사에서 개교하게 되었다.[*] 그러나 재단법인의 기부금 납입이 1928년까지 원만하게 이루어지지 않았고 대표이사 김기태와 교장 고원훈 사이에 분규가 발생하여 학교 운영이 더욱 어렵게 되어 갔다.

이때 천도교에서 재단법인에 출자한 기부금 10만원은 송현동의 대지와 건물 및 학교시설을 포함한 5만원과 현금 1만원, 그리고 나머지 4만원은 10년간 7분 이자로 지불하기로 하였다. 그러나 1932년 3월 보성학교재단 경영이 김성수에게 넘어가게 되자 천도교는 재단 설립 때의 미불금 4만원과 10년간의 이자를 불입하지 못해 춘암상사(박인호)가 살고 있던 상춘원(대지 10,165평과 건물)을 1932년 5월 6일 보성전문학교 재단에 넘겨주고 말았다. 그리고 1934년 9월 28일 보성전문학교는 안암동에 마련한 신축 교사로 이전하였다.[†] [‡]

(3) 사립보성중학교

1906년(光武 10) 8월 22일 개교한 사립보성학교는 중부(中部) 전동(磚洞) 10통(統) 1호(戸) 김교헌(金敎獻)의 가옥을 매입하여 학교 교사로 사용하였는데 신입생은 246명이었다. 1907년(광무 11) 2월에 설립자인 이용익이 죽자 손자인 이종호(李鍾浩)가 승계하여 학교를 운영하였다. 1909년(융희 3) 5월 31일 학교령에 의하여 다시 설립인가를 받고 1910

---

[*] 보성전문학교 설치인가 신청 1922년 2월 28일 경성부 송현동 34번지 재단법인 사립보성전문학교 설치인가 신청에 첨부된 학칙을 보면 학과는 법과와 상과, 수업은 3학기로 연한은 3개년, 학생 정원 4백 명으로 되어 있다. 〈국가기록원〉

[†] 보성전문학교 내력(二) 劫雲개자 新光明照耀, 손병희 씨 10년 경영, 기미 익년에 재단법인 설립《동아일보》 1932.3.31

[‡] 보성전문학교는 1934년 9월 28일 송현동에서 안암동에 신축한 교사로 이전하였다. /民間의 最高學府 普專新校舍 준공 금일 전교생이 旗行列로 이전식 城東 郊外의 新偉容《동아일보》1934.9.29

년(융희 4) 3월 이종호가 경성을 떠나 행방불명이 되어 학교 운영이 곤란하게 되었다. 이에 1910년 12월 20일 천도교회에서 이 학교의 부채 일체로 8천원을 변상하고 설립자의 일체의 권리를 양수받아 박인호를 설립자로 변경 신청하였다. 교주(校主) 박인호는 이듬해 2월 보성중학교 교장으로 최린을, 교감에는 김태순(金泰淳)을 임명하였다.* 그리고 원래 학교명은 〈사립보성중학교〉였으나 사립학교 규칙에 따라 1913년 12월 6일에는 〈사립보성학교〉로 개칭하였다.

1914년 7월 5일에 구 교사를 헐어 버리고 2층 117평과 부속 건물 30평에 달하는 교사를 착공하여 8월 25일에 낙성하였다. 그 후 고등보통학교의 자격을 갖추기 위하여 교과와 시설을 완비하고, 1917년 7월 5일에 허가를 얻어 교명을 사립보성고등보통학교(私立普成高等普通學校)로 개칭하였다. 1918년 현재 설립 후 학생 현황은 제1회 입학 246명(졸업 75명), 제2회 입학 95명(졸업 39명), 제3회 입학 160명(졸업 34명), 제4회 입학 78명(졸업 43명), 제5회 입학 166명(졸업 46명), 제6회 입학 140명, 제7회 입학 120명, 제8회 입학 142명, 제9회 입학 145명에 달하였다.

이와 같이 천도교에서 운영한 보성학교는 1923년 6월 현재 졸업생 수가 600여 명에 재학생이 700여 명에 달하였다. 그러나 3·1운동 이후 일제의 혹심한 탄압에 의해 교회 재정이 어려워져 도저히 학교 운영이 불가능하게 되었다.

1923년 4월 4일 천도교 임시종법사회에서 동덕여학교와 함께 폐지하기로 결의하고,† 6월 29일 조선불교총무원(朝鮮佛敎總務院, 불교교무원에 속하지 않는 일파로 양산 통도사 외 6개 본산 및 이에 속한 사찰)과 매매계약을 체결하였다. 계약 내용은 15만원 상당의 학교 설비를 총무원에 인도하고 학교의 기존 부채와 1923년도 12월까지의 경비를 포함하기로 하였다.‡ 그리고 매매계약에 따라 1924년 9월 29일 천도교는 보성고등보통학교를

---

* 普校職員 신임 『천도교회월보』 제8호, 1911.3.15 p44 /휘보
† 임시종법사회 회록 『천도교회월보』 제152호, 1923.5.15 pp38~48
‡ 보성학교 인도계약 종료 『천도교회월보』 제154호, 1923.7.15 p48

조선불교교무원에 양도하게 되었다. 조선불교중앙교무원은 보성중학교를 인수한 후 1926년 7월에는 혜화동의 6천 평 대지에 260평의 2층 벽돌교사를 신축하여 1927년 4월 이곳으로 이전하였다. 그리고 1934년 3월 14일 조선불교중앙교무원은 30본산 대표(41명)로 개최한 평의원 정기총회에서 60만원의 재단법인을 설립하여 보성고등보통학교와 중앙불교전문학원을 함께 경영하기로 하였다. 그런데 60만원 가운데 두 학교 건물 대지를 합쳐 48만원(보고 구 사옥 가격 6만원 포함)밖에 되지 않아 재정적으로 특히 부족액 12만원의 증자 문제로 어려움을 겪게 되었다.

1935년 3월 20일부터 15일 동안 개최한 정기총회에서 12만원을 31본산 15사찰(통도사, 범어사, 해인사, 고운사, 운혜사, 금룡사, 화엄사, 서암사, 송광사, 백양사, 대흥사, 건봉사, 법주사, 보석사, 성불사)에서 부담하여 9월 10일까지 적립하기로 하고 만약 적립하지 못하면 다른 경영자에게 양도하기로 결정하였다. 그러나 결국 증자 문제가 구체적으로 해결되지 못하자 불교중앙교무원은 9월 3일 임시이사회 결정으로 보성고등보통학교를 9월 11일 재단법인 고계학원(高啓學院, 理事長 方應模)에 양도하였다.[*] 그 후 고계학원에서 운영하던 보성중학교는 1940년 5월 동성학원(東成學院 1940.6.18 설립, 全燮弼, 60만원)에 경영권을 양도하였다.

(4) 사립보성초등학교

전동에 보성전문학교와 함께 있던 보성초등학교는 운동장 사용 등에 불편함이 많았는데 마침 1921년 2월 송현동에 있는 천도교중앙총부가 경운동 신축 건물로 이전하자 4월 1일 신학기부터 송현동 중앙총부 건물로 교사를 옮겼다. 그런데 1922년 2월 중순부터 천도교의 재정 악화로 학교 경영이 어렵게 되었다. 1922년 3월 1일에는

---

[*] 〈財團法人高啓學院〉은 高啓河의 유산을 기초로 1934년 10월 18일 설립되었으며 理事長 方應模, 理事 吳晴, 吳完奎, 尹東勳, 徐椿, 吳台煥 등《朝鮮中央日報》《매일신보》1935.9.12《동아일보》1935.9.12~13

창립 제17주년 기념식을 거행하고 3월 22일에 17회 졸업식까지 거행하였으나 3백여 명의 재학생이 있는 보성초등학교(校長 鄭道俊)는 마땅한 교사가 없어 시내 영성문 안에 있는 정동 1-8번지 불교중앙포교소 대표 해인사 주지(住持) 이회광(李晦光)과 계약을 체결하고 정동의 불교중앙포교소 부속 건물과 600평의 운동장을 무료로 사용하였으며 이를 기부받았다.* 그리고 보성초등학교 교우회와 학부형들의 유지회 및 중앙불교회 등 관련 단체들이 협력하여 계산학교가 있던 기지를 얻어 교사를 신축하려고 노력하였다.†

그 결과 보성초등학교와 계산학교 관계자 1천여 명을 대표하여 정도준, 류정수, 이기용, 김주병, 류병률, 홍증식 등이 계동 36번지 계산학교 부지 1,747평을 당국으로부터 대부받았다.‡ 1923년 1월 계산학교가 있던 1,747평의 대지를 총독부로부터 대부받아 이곳에 교사를 신축하기로 하고§ 불교중앙포교소에서 기증받은 대지 600평과 천도교회에서 기부를 받은 재동 75번지 의암성사의 한옥(대지 313평, 70여 칸)을 토대로 약 2만원에 가까운 건축비를 마련하였다.¶

1923년 7월경부터 신축 교사(건평 160평, 2층 목제, 공사비 1만 2천원, 교실 6개)공사를 시작하여 1924년 4월에 준공되었고, 4월 9일 240명의 학생들이 정동의 낡은 교사를 떠나 계동 36번지의 신축 교사로 이전하고 10일에 입교식을 가졌다.** 그리고 나서 1924년 5월 15일 사립보성초등학교 설립자 박인호의 명의로 사립보성초등학교 명칭과 학교 위치 변경을 경기도지사에게 신청하여 5월 21일에 보성초등학교의 명칭을 계산보성학교(桂山普成學校)로, 위치는 정동 1-8에서 계동 36번지로 변경하였으며, 1925년 8월

---

* 《동아일보》 1922.5.1/보성초등 유망-재단이 될 듯
† 《동아일보》 1922.5.30/보성초등학교 기부금 허가 신청
‡ 《동아일보》 1923.2.28/보성초교의 서광
§ 건축위원으로 학교 측 정도준과 강달준, 교우 측 홍증식과 심금룡, 학부모 측 김주병과 장일 등을 선정 《동아일보》 1923.2.28/1923.7.14
¶ 《동아일보》 1923.7.14/역사 오랜 보성초등학교 신축을 시작
** 《동아일보》 1924.4.11/보성초교 신축.

경에 약초정(若草町) 서본원사(西本願寺)로 경영권이 넘어가 설립자 박인호(朴寅浩)의 명의가 아천조(阿川組)의 청부업자 사서가언(寺西嘉彦)으로 변경되어 보성초등학교는 천도교에서 완전히 떠나게 되었다.[*] 1931년 8월에 계산보성학교는 가회동에 있던 대동학교(大東學校, 설립자 고창환)와 합동하여 대동상업학교(大東商業學校)로 인가신청을 하고 이곳으로 대동학교 교사를 이전하였다.[†]

이와 같이 3·1운동 이후 천도교는 재정적 압박으로 경운동 대교당과 우이동 봉황각을 제외한 대부분의 부동산을 매각하였으며, 1910년부터 경영해 오던 전동(수송동)의 보성사, 보성전문학교, 보성중학교, 보성초등학교 등이 모두 천도교에서 떠나가게 되었다.

---

[*]　《朝鮮新聞》(일본어판)1925.11.15.5면 《동아일보》 1925.8.29./주인 갈린 보초교, 西本願寺에서 경영
[†]　《매일신보》 1931.8.20.2면/계산보성학교와 대동학교 합동, 계산보성학교 자리에는 대동상업학교를 이전

전동(磚洞 , 수송동) 보성전문학교 경내에 있던 천도교의 보성사.

14. 보성사

서울특별시 종로구 우정국로 45 (견지동)

한성부 북부 전동(磚洞) 12통 1호(1914년 7월부터 수송동 44번지. 현재 조계사 경내의 회나무 옆) 1,560여 평의 보성학교 경내에 있었던 보성사(普成社)는 일찍이 1906년 7월에 신해영 (申海永)과 조제환(趙齊桓)이 설립한 활판소*였다. 1910년 12월 21일 천도교에서 전동의 보성전문학교와 보성사활판소 및 새문(新門)밖 매동(梅洞) 소재의 구(舊) 중추원(中樞院) 내에 있던 보성소학교를 인수하였다. 보성사는 30평의 푸른색 벽돌 2층 기와집으로 천도교에서 1906년 5월 설립하여 운영하고 있던 보문관(普文館)†과 병합하여 명칭을 보성사(普成社)로 하고 기관지『천도교회월보』를 비롯해서 각종 교서를 간행하였다. 보성사는 최남선(崔南善)이 설립한 광문회(光文會)의 신문관(新文館)과 더불어 당시 우리 나라 출판 인쇄를 주도하여 우리나라 출판문화 향상에도 크게 공헌하였다. 또한 보 성사는 3·1운동 때 독립선언서와《조선독립신문》을 인쇄하였을 뿐 아니라, 3·1운동 이전에는 이종일 사장 등이 범국민신생활운동, 민족문화수호운동, 천도구국단, 무오

---

*   普成社 設置 申海永 趙齋桓 兩氏가 教育上 及 其他民智發進에 稗益혼 各書籍을 印刷廣佈次로 中署 磚洞 等地에 普成社를 設置혼다더라《황성신문》1906.7.9

†   1906년 2월 27일 설립한 博文社를 4월 26일에 보문관으로 개명하였다.南署 會洞 85統 4戶. 관장-權東鎭, 총무-吳台煥〈종령/제12호〉1906.2.27 및 제24호.19064.26

『천도교회월보』 제1호

독립시위운동을 계획하였으며, 3·1운동 이후에는 제2의 만세운동을 시도하는 등 끊임없이 독립운동을 도모하고자 하였던 독립운동 단체이기도 하였다.

1912년 7월 15일 손병희의 후원에 따라 보성사 사원 60여 명은 〈범국민신생활운동〉을 전개하기로 하고 취지문과 결의문 및 행동 강령을 발표하기로 하였으나 하루 전날 발각되어 종로경찰서에 압수당하여 좌절되고 말았다.[*] 같은 해 10월 31일에는 천도교 민족운동의 일환으로 보성사 안에 〈민족문화수호운동본부〉를 두고 강연회를 하는 등 100여 명의 회원이 활동하였다.[†] 또 갑진년 1914년 8월 30일 보성사 내에 본부를 두고 삼갑운동(三甲運動)의 중추적 역할을 수행할 천도구국단을 조직[‡]하고 한규설·이상재·윤용구·김윤식·박영효·남정철 등에게 협조를 구하기 위해 접촉하였으나 협조 의사를 밝힌 사람은 이상재 한 사람뿐으로 이 일은 실패로 끝나고 말았다. 천도구국단은 평화적이고 비폭력적인 시위를 해야 하지만 경우에 따라서는 무장 항쟁이 필요하기 때문에 군자금 10만원과 무기 1백 정을 확보한다는 목표를 세우고 1916년 4월 현재 보성사의 비밀 창고에 일본식 장총 10여 정과 실탄 2백 발을 은밀히 쌓아 두기까지 하였다.

1918년 1월 윌슨 대통령이 민족자결주의 원칙 14개조를 발표하자 보성사 사장 이

---

[*] 이종일도 피검되었으나 손병희의 수습으로 투옥되지 않았다.(『묵암비망록』 1912.6.30~7.14)

[†] 총재 손병희, 회장 이종일, 부회장 김홍규, 제1분과위원장 권동진, 제2분과위원장 오세창, 제3분과위원장 이종훈, 기타 장효근 신영구 임예환 박준승 등이 적극 참여하기로 내정하였다.

[‡] 천도교구국단 명예총재 손병희, 단장 이종일, 부단장 김홍규, 총무 장효근, 섭외 신영구, 행동대장 박영신 등으로 갑오운동, 갑진운동과 함께 삼갑운동으로 불린다.

종일은 손병희를 찾아가 천도교와 보성사 중심의 시위운동을 주장하였다. 그러나 손병희는 천도교 자체적인 계획보다는 다른 종교인들과 연합으로 할 것을 제시하였다. 그리고 같은 해 9월 손병희 중심의 무오독립시위운동(戊午獨立示威運動)을 계획하고 이종일이 쓴 장문의 선언문을 보성사에서 인쇄할 준비를 하였으나 내용이 과격하다 하여 인쇄 중에 중단하고 최남선에게 다시 쓰도록 하였다. 그러나 최남선의 선언문이 완료되지 않고 원로 교섭의 지연, 자금 부족, 민중 동원의 미숙 등으로 지연되어 9월 9일로 계획한 무오독립시위운동은 실현되지 못하였다.[*]

기미년 들어 만세 시위 운동 계획이 결실을 맺어, 1919년 2월 20일부터 보성사에서 이종일·장효근·최남선·신영구 등이 2차에 걸쳐 25일에 25,000매, 27일에 2차로 10,000매의 독립선언서를 인쇄하였다. 2차 인쇄할 때는 인쇄소의 작업 소리를 듣고 찾아온 음흉하기로 소문난 형사 신승희(申勝熙)에게 현장이 발각되었다. 이에 놀란 사장 이종일이 신승희를 잠시 기다리게 한 후 의암성사에게서 5,000원을 받아 건네주면서 눈감아 주기를 간청해서 위기를 넘겼다. 또 27일에는 독립선언서 10,000매를 건축 중인 경운동 천도교중앙대교당 마당 구석에 있는 창고 같은 집으로 가지고 가다가 경찰에게 검문을 당했으나 족보라고 속이고 독립선언서를 이곳으로 옮겨 비밀리에 보관하였다가 약속된 비표를 들고 온 사람들에게 전달하였다.

그리고 3월 1일, 독립선언의 취지를 민중에게 알리기 위해 천도교월보사 주필 이종린의 주관하에 지하신문 《조선독립신문》 제1호 15,000부를 보성사에서 발행하여 선언서와 함께 배포하였다.[†] 이종일은 독립선언서의 인쇄 배부와 아울러 2월 28일 경운동 집에서 이종린과 함께 그들이 계획하던 독립운동을 거국적으로 추진키 위해 신문 발행을 추진하였다.[‡] 이종일과 이종린은 독립선언의 취지를 전 민족에게 널리

[*] 「옥파비망록」 1918.9.2~1918.11.10 /무오독립선언
[†] 이종일과 이종린은 각각 제국신문사 사장과 대한민보사 주필을 역임한 언론인이었다.
[‡] 이종린의 예심결정서

알리고 삼일독립운동의 전개 상황을 보도하여 민족의 독립 결의를 달성하고자 하였다. 두 사람은 박인호와 상의하여 승낙을 얻고 《조선독립신문》 제1호를 만들어 김홍규로 하여금 3월 1일 오전 중에 1만 5천 매를 인쇄하여 배부토록 하였다. 《조선독립신문》이라는 제호는 이종린이 정하였으며 이종일 사장 명의로 발행하려고 하였으나, 이종일은 독립선언 후 체포될 것이므로 모순이 된다는 박인호의 의사를 좇아서 윤익선의 이름을 넣었다.* †

제1호에는 민족 대표들의 굳은 순국결사의 결의와 그들이 민족에게 보내는 신탁이 수록되어 있다. 제2호에서는 태화관에서의 민족 대표들의 독립선언 관계 기사와 탑골(파고다)공원에서 일어난 만세시위운동 모습을 생생하게 기술하였다. 특히 국내외에서 임시정부 건립이 구체화되기는 3월 하순부터인데 제2호에는 가정부(假政府) 즉 임시정부 건립에 관한 기사를 이미 예고하고 있다. 제3호에는 3월 5일 서울에서의 제2차 시위 광경을 보도하고 있으며 유림의 운동 참여를 전망하는 기사가 실려 있다. 제4호에는 일반에게는 잘 알려지지 않았던 파리강화회의에 보낸 문서가 있었음을 알리고, 3월 15일 제6호에는 파리강화회의에서 민족 대표가 이미 활동하고 있다는 것을 민중들에게 알리어 희망을 주고 있다. 또한 한민족은 민족자결주의에 의하여 독립되지 않으면 반드시 세계 전쟁의 원인이 될 것이라는 논설을 수록하였다. 3월 23일의 제9호에는 연해주 블라디보스토크에서의 시위운동과 북간도 무장독립군의 독립선언 광경을 보도하고 있다. 또한 3월 28일 자의 제17호에는 파리강화회의 대표로 참석한 김규식의 활동 상황 기사를 실었다.‡

---

* 이종린의 보안법 및 출판법 위반 경성지방법원 대정8년 6월 10일 자 예심조서

† 3월 1일 오전 10시경 천도교총부 편집실에 있었을 때, 방 출입구의 문 밖에서인가 이종린이 《독립신문》을 인쇄했는데 이름이 없는 것을 보이면서 여기에 이름을 실어 달라"고 하므로 승낙을 했던 것이다. 이때 이종린이 이름을 내어 달라고 말했을 때 윤익선은 주저했는데 朴寅浩의 의견도 좋다고 말했다고 하므로 승낙했다<3·1獨立運動全國示威의 主動者 豫審決定書〉 1919年 特豫 第1號同第5號 高等法院管轄裁判所決定書謄本

‡ 윤익선 외 6인의 보안법 및 출판법 위반 총독부경성지방법원 대정8년 8월 일 의 예심종결서 대정9년 형사

《조선독립신문》의 발행은 3월 1일 창간호 이래 6월 22일의 제36호까지와 8월 29일의 국치기념호에 지나지 않는다. 그렇지만 이를 계기로 이후 국내외에서 발행된 각종 제호의 신문들이 56종이나 되었는데 그 이전부터 발행되었으나 국내에 들어오지 못한 것을 합하면 64종에 달한다. 일제 당국은 철저히 탄압하기 위해 관헌을 동원하여 신문을 압수하고 인쇄소를 찾고자 혈안이 되었으나 한민족의 언론을 봉쇄할 수 없는 상황임을 깨닫게 되었다. 일제는 그해 9월에는 한민족에게 민간지 발행

《조선독립신문》 제1호

을 허가할 뜻을 비추더니 다음 해 1월 6일에 《조선일보》와 《동아일보》의 발행을 허가하였다. 이것은 8월 12일에 새로 부임한 사이토(齋藤實) 총독이 3·1운동의 영향으로 무단정치를 어느 정도 완화하는 소위 문화정치를 공포하는 정책 변화로 결사·출판·집회를 허용하여 신문과 잡지 등의 발행을 허용한 데 따른 것이다. 이와 같이 천도교 지하신문 《조선독립신문》의 발행은 두 민족지의 발행 허가를 얻도록 하여 독립운동사뿐 아니라 한국민족 언론사에 큰 공헌을 하였다.

3·1운동 후 일제는 보성사를 즉각 폐쇄하고 6월 23일 밤 11시경에 불을 질러 태워버렸기 때문에 현재 화재 후 건물의 잔해를 찍은 사진만이 전해지고 있다. (본문 150쪽)

대한민국임시정부가 1921년 8월 상하이의 프랑스 조계(租界)에서 태평양회의에 대비해 조직한 대태평양회의한국외교후원회(對太平洋會議韓國外交後援會)에서는 1921년 11월 12일부터 이듬해 2월 6일까지 워싱턴에서 군비축소와 태평양지역 문제를 다루는

판결원문 제7책 제391호 / 『韓國近代史料論』. 一潮閣. 1979.9.15 pp215~216. 2호부터 4호까지는 이종린이 경성서적조합사무소에서 장종건과 협의하여 프린트본으로 발간했다.

태평양회의에 이승만·서재필·김규식 등을 대표로 파견해 청원서를 전달하고 회의에 참석해 발언하려 했으나 뜻을 이루지 못하였다. 이에 3·1운동으로 징역 3년형을 받고 복역 중 1921년 12월 22일 가출옥한 이종일은 성과가 없이 끝난 태평양회의를 보고 제2의 자주독립선언문을 발표해야 한다고 생각하였다. 그리하여 1922년 2월 20일 자주독립선언문을 작성하여 김홍규로 하여금 인쇄하도록 하고 3월 1일에 보성사 직원 50여 명이 거리에 나가 기념식을 거행하기로 계획하였다. 그러나 2월 27일 선언문을 인쇄하던 중에 발각되어 선언문(번역본)은 압수되고 계획은 좌절되었다. 이종일이 한문본은 따로 보관하여 두었기 때문에 자주독립선언문(원문)이 전해지고 있을 뿐이다.

현재 조계사 서쪽 후문 골목길 건너에 있는 수송공원에는 보성사 터 표석과 이종일의 동상이 세워져 있다.

자주독립선언문(自主獨立宣言文)

존경하는 천도교인과 민중 여러분 !

우리 대한은 당당한 자주독립국이며 평화를 애호하는 세계의 으뜸 국민임을 재차 선언합니다. 지난 기미년의 독립만세운동은 곧 우리의 전통적인 의지를 만방에 천명한 것이고 국제 정세의 순리에 병진하는 자유·정의·진리의 함성이었습니다. 그럼에도 불구하고 일본의 무력적인 압박으로 말미암아 우리의 자유와 평등을 주장한 이 자주독립운동은 필경 몹시 가슴 아프게도 꺾이었습니다. 당당한 우리의 평화적이고 양심적인 행동으로 독립의 절규를 상징하는 일대 시위운동이었습니다. 그들은 우리 대표를 갖은 모욕과 혹독한 문초로 위협하였습니다만 우리는 결코 비굴하거나 투항하지 않았습니다. 우리는 마침내 풀려나 자유의 몸이 되었으나 반도 삼천리가 모두 감옥이나 다를 바가 없습니다. 우리의 독립을 위한 투쟁은 이제부터가 더욱 의미가 있고 중요합니다. 뜻맞는 동지끼리 다시 모여 기미년의 감격을 재현하기 위해 우리 천도교의 보성사 사원

《조선독립신문》 제1호와 함께 배포한 독립선언서

보성사에서 성과 없이 끝난 태평양회의를 보고 제2의 자주독립선언을 위해 만든 자주독립선언문

일동은 재차 봉기하여 끝까지 조국의 독립을 위해 신명을 바칠 것을 결의하고 선언하는 바입니다.

아! 우리 민중들은 차마 망해 가는 성스러운 나라를 그냥 방치해 두렵니까. 좌절해서는 아니 됩니다. 진실로 우리나라 우리 집을 위해 한두 사람의 지사가 없단 말입니까. 비참하고 슬픈 일이 아닐 수 없습니다. 운이 다해서 그렇습니까, 명이 다해서 그렇습니

1919년 6월 화재 후의 보성사

까? 우리는 일어나야 합니다. 그래서 섬나라 사람은 섬으로 보내고 대한 사람은 대한을 지켜야 합니다. 비록 우리가 지금 압박과 질곡 속에 얽매여 있다 해도 우리는 틀림없이 광복하고 말 것이니, 민중이여 안심하고 경건하게 이번의 독립시위운동에 참가하십시오. 우리의 역사는 반만년의 빛나는 전통과 유서가 있으며 근대적 충의와 도덕의 근원이 깊을 뿐 아니라 종교와 문학이 융창하고 밝아서 그 패택(沛澤)이 일본을 살찌게 하였습니다. 그러므로 우리는 그들보다 우위에 있음을 긍지로 알아야 하겠습니다. 우리의 국혼이 건재하고 견고하면 우리는 결코 망하지 않습니다. 이제 문득 국제 정세를 살펴보건대 시급해 도모하여 독립시위운동을 하지 않으면 자존 영생할 수 없으며 예의 항거하여 일본을 방축(放逐)하지 못하면 결코 발전할 수 없음을 명심해야 합니다.

지금 살고 있는 것은 사는 게 아닙니다. 일본도 기미년 이후 무단적인 헌병경찰 통치를 고치어 유화정책을 쓰고 있으나 이는 고등경찰 통치이므로 기만당해서는 아니 됩니다. 우리의 절대적인 주장은 오로지 독립이 있을 뿐입니다. 가슴에 아로새겨 두고 궐기해서 일본을 쫓아내야 합니다. 우리 민족의 진로에는 오직 자주독립이 있을 뿐입니다. 사회주의 풍조를 불식하고 오직 민중국가 건설에 매진하고 일본의 간사한 감언이설에

수송공원에 세워진 이종일 동상　　　　　　　　　　수송공원에 세워진 보성사 터 표석

기만당하는 어리석음을 깨끗이 씻어 내야 할 것입니다. 민중 각자는 짚단 위에 잠자고 창을 베개로 하며 또 끓는 물 속이나 불 속의 형세라도 흔쾌히 뛰어들어 온 누리가 자주독립되게 하여 일월이 다시 밝아지면 어찌 한 나라에 대한 공로만으로 그치겠습니까. 진실로 후세에 이 말을 전하여 훌륭한 조상이 되어야 할 것입니다.

　지난번 비록 미국 워싱턴의 태평양회의에 건 독립에의 원대한 계획이 수포로 돌아갔다고 해도 우리의 독립 의지에는 변함이 없는 것입니다. 우리의 앞날에는 영광과 행복이 있을 뿐입니다. 어서 이 독립운동 대열에 참여해 주시길 간절히 비는 바입니다.

　단기 4255年(1922) 3月 1日

　天道敎普成社 社長 李鍾一 外 一同

『東經大全』등 敎書 1907년, 普文社 안현(安峴-안국동)

『천도교회월보』 1910.8(1호), 『무체법경』『후경』『神言』 인쇄소 普成社 전동 12

통 1호 (1914년 7월 수송동 44번지)

『천도교회월보』 1919.3, 朝鮮福音印刷所 관훈동 62

『천도교회월보』 1919.6, 誠文社 공평동 55

『개벽』 1920.06 -1926.8, 新文館 황금정 2정목 21*

『천도교회월보』 1920.7, 大東印刷株式會社 공평동 55

『천도교서』 1921.4.5, 新文館 황금정2정목 21

『신인간』 1926.4(1호), 海英印刷所 수은동(授恩洞)68

『신인간』 1926.7, 조선농민사 인쇄부 수은동 68†

『신인간』 1926.8, 대동인쇄주식회사 공평동 55

『신인간』 1927.12, 한성도서주식회사 견지동 32

『신인간』 1928.1, 新文館 황금정(을지로)2정목 21

『신인간』 1929.1, 대동인쇄주식회사 공평동 55

---

* 新文館은 1907년 여름 최남선(崔南善)이 일본에서 인쇄 기계와 일본인 기술자를 데려와 주조, 식자,
  조판, 인쇄, 제본 등의 기술을 조선인에게 가르친 후에 남부 상리동(上犁洞-수하동/을지로2가)에 설
  립하였다. 1908년 11월 우리나라 최초의 청소년 잡지 『少年』을 발행하였다. 《동아일보》 1963.10.10/
  육당의 업적
† 1925년 5월 조선농민사는 해영사(海英舍)를 매수하여 인쇄부를 설치하였다. 『원호처 독립운동사』
  10. P430

『천도교회월보』1929.9, 漢城圖書株式會社 견지동 32*

『천도교회월보』1929.11, 중성사 인쇄부 관훈동 30

『천도교회월보』1930.7, 동아인쇄소 관훈동 30

『천도교회월보』1930.8, 漢城圖書株式會社 견지동 32

『천도교회월보』1930.9, 동아인쇄소 관훈동 30

『천도교회월보』1931.1, 彰文社 서대문정(신문로)2정목139†

『신인간』1932.5, 鮮光인쇄주식회사 수송동 27

『신인간』1933.3, 대성당인쇄합자회사 황금정 3정목 251

『신인간』1933.4, 대동인쇄주식회사 공평동 55

『천도교회월보』1933.5, 鮮光印刷株式會社 수송동 44

『신인간』1933.9, 주식회사 彰文社 서대문정 2정목 139

『신인간』1934.8, 대동인쇄주식회사 공평동 55

『개벽』속간호 1934.11, 대동인쇄주식회사 공평동 55

『개벽』1935.1.~1935.3 주식회사 彰文社 서대문정2정목 139

『천도교회월보』1935.9, 平和堂印刷株式會社 견지 60

『천도교회월보』1935.10 - 漢城圖書株式會社 견지동 32

※ 전동에 있던 보성사가 3·1운동 때 불타 버린 후 천도교회과 관련된 인쇄소는 조선농민사 인쇄부와 중성사 인쇄부뿐이다.

---

* 한성도서주식회사(대표이사 : 이봉하 이사 : 이종준, 한규상, 박태련, 장도빈)는 민족문화를 지키고 계승하는 데 크게 기여한 출판사로서 1920년에 창설되어 1957년까지 존속하였다. 주요 출판물로는 김동환의 『국경의 밤』, 최남선의 『백두산근참기』, 심훈의 『상록수』 등이 있다. 〈안내 표석〉

† 1923년 1월 30일 이상재 윤치호 등의 기독교 유지 6백여 명이 朝鮮基督敎廣文社로 발기하여 주식회사 彰文社(사장 이상재)로 개칭하였다. 《동아일보》 1923.2.2/기독교창문사 설립

관훈동 동덕여학교가 있었던 자리. 현재는 동덕빌딩이 서 있다.

15. 동덕여학교(同德女學校)

서울특별시 우정국로 68 (관훈동 151-4, 안국동사거리 동덕빌딩 자리)

　　1908년(융희 2) 민간인에 의해 설립된 최초의 여학교인 동덕여학교는 춘강(春江) 조동식(趙東植)이 이재극(李載克) 김인화(金仁和) 등과 함께 설립하였다. 교명은 사립동덕여자의숙(私立同德女子義塾)으로 1908년 3월 12일 원남동에 있는 김인화 여사의 8칸 초가집 마루에 칠판을 걸고 유모나 어멈이 모시고 오는 학생 12명으로 개교하였다. 6개월 후에는 교사를 서린동 궁내부(宮內府) 소관의 22칸의 기와집으로 옮겼는데 학교 경비는 한 푼이 없어 동네 유지들이 매삭 1, 2원씩을 보조해 주는 의연금으로 한 달 경비 17원 70전을 충당하였다. 교사들은 무보수였으며 학교에 오라고 하면 큰일이 나는 줄 알고 오지 않으려는 학생들에게는 월사금을 받을 수가 없었다. 그래서 오죽하면 등사판으로 인쇄한 학생 모집 광고를 우편배달부처럼 집집마다 다니면서 전달하였다. 1908년 8월 26일에는 사립학교령에 의하여 구 학부(學部)에 설립인가를 얻었다. 그해 7월 3일에는 남대문통 구 궁내부(舊 宮內府) 소관의 22칸의 기와집을 임차하여 사용하였는데 재정이 어려워 이후 2~3년 동안은 유지들의 월연금(月捐金)에 의지하는 등 경영이 매우 어려웠다.

　　1909년 6월경 조동식은 천도교 교주 손병희를 찾아가 학교 운영의 재정적 어려움을 토로하고 지원을 요청하였다. 손병희는 "참 좋은 생각을 하였소. 나는 지금 우리

1915년 7월, 관훈동에 신축한 동덕여학교

나라의 사회 형편에 여자교육은 도무지 불필요하다고 생각했는데 내가 일본에 가서
보고 여성교육이 국가 민족 문화 향상에 큰 토대가 된다는 것을 느꼈소. 선생의 사업
이 만일 내 힘이 미쳐서 좋은 점이 있다면 도와 드리리다."라고 하면서 매월 30원씩
을 보조해 주다가, 1910년 12월부터는 매월 70원씩을 보조하여 주었다. 또한 천도교
회에서는 1910년 12월 전동에 있는 보성학교를 인수하자 대사동에 있던 천도교사범
강습소의 과정이 보성중학교와 대동소이하여 사범강습소를 보성중학에 합병하고,
그 자리에 동덕여자의숙을 이전하도록 하였다.* 그 후 1911년(명치 44) 4월 1일 천도교
에서 동덕학교 유지에 관한 일체의 권리를 양수한 후 관훈동 151번지의 천도교 소유

---

* 보성교 인계 「천도교회월보」 제6호, 1911.1.15

동덕여학교 제6회 창립 기념(1914. 3. 12)

의 건물(기와집)로 이전하여 운영하면서 점차 확장 개선하였다.＊ †

　1911년 2월 27일에는 안국동에 있던 동원여숙(東媛女塾)과 합병하고 동덕여자의숙(同德女子義塾)을 〈사립동덕여학교〉로 변경하였다. 그리고 구(舊) 규칙(規則)이 불완전하므로 1914년 3월 3일에 천도교 교주 박인호(朴寅浩)가 동덕여학교 제2대 설립자로 인가되어 교주(校主)로 취임하였으며, 3월 26일에는 3년제 고등과 제1회 졸업생 10명을 배출하였다.‡ 그리고 1914년 12월 28일 조선교육령 여자고등보통학교 및 보통학교 교례(校例)에 의한 학칙 변경의 인가를 받아 수업연한 3개년의 고등과를 부설하였다.§

＊　25주년을 맞는 동덕녀고 [제1회(上) 제2회(中) 제3회(下)《동아일보》1933.1.15/1.17/1.19
†　春風秋雨 十七年 同德女學校《동아일보》1926.1.3(2)
‡　『同德五十年史』, 동덕여학원,1980
§　同德女學校에 수업연한 3개년의 고등과를 부설 『한국여성사』 부록/이화여자대학교 한국여성사 편찬위원회, 이화여자대학교 출판부.1978.p65~66

1915년(대정 4) 7월에 구(舊) 기와집 교사를 철거한 후 양풍 2층 상하 155평과 부속 건물 14평을 공사비 9천여 원을 들여 건축하였다.[*] 1916년 7월에는 경영난에 처한 낙원동에 있던 사립양원여학교(私立養源女學校)를 인수 합병하였다.[†]

그러나 천도교는 3·1운동 이후 재정이 더욱 악화되어 자연히 동덕여학교도 경영난이 가중되었다. 천도교중앙총부의 1922년도 예산과 결산을 보면 동덕여학교비로 연간 1만원을 책정하여 7천원을 지출한 것을 볼 수 있으나[‡] 결국 재정을 감당하지 못하고 1923년 4월 임시종법사회에서 보성학교와 함께 폐지하기로 결의하고 12월에 설립자인 조동식에게 다시 양도하여 주고 말았다.[§] 그러나 1925년 8월 20일의 천도교인대회에서는 동덕여학교에 대한 유지비 지출을 1926년 3월까지 지속하기로 결정하였다.[¶] 그럼에도 불구하고 동덕여학교는 재정 상태가 호전되지 않아 조동식이 어렵게 경영하던 중에 1926년 4월 보령 출신의 이석구(李錫九)가 30만원을 출연하여 재단법인을 설립함으로써[**] 재정적 기초를 다지게 되었다. 그리고 1926년 4월 27일에 사립동덕여학교는 동덕여자고등보통학교로 승격 인가되었다.[††] 그 후 1932년 창신동에 4,510평의 대지를 마련하고 건축비 50,000원으로 건평 600평의 2층 벽돌 교사를 신축하여 1933년 9월 이곳으로 이전하였다.[‡‡][§§]

---

[*] 「천도교회월보」 제92호,1918.3.15,p54/學事-學校槪況 「천도교교회월보」 제70호,1916.5.15/신축 교사 전경

[†] 「京城府史」 第3卷 第3編/私立養源女學校는 維持困難으로 私立同德女學校에 合併되다. 《동아일보》 1933.1.17/二十五週年을 맞는 同德女高(中) 낙원동에 있던 養心女學校로 기록

[‡] 「천도교회월보」 제143호,1922.8.15/교인대회대표위원회회록 및 「천도교회월보」 제145호,1922.10.15 /기결 예산사정표

[§] 「천도교회월보」 제152호,1923.5.15, pp38~48/임시종법사회 회록

[¶] 《시대일보》1925.8.21/동덕여교 유지비는 명년 삼월까지 지불, 교인대회의 작일 결의 사항

[**] 《시대일보》1926.6.3/ 동덕여교 신주인, 우리 여자 교육계를 위하여, 이석구 씨 전 책임으로 경영

[††] 관훈동 사립동덕여학교가 동덕여자고등보통학교로 昇格認可「朝鮮總督府官報」,1926.4.29 《동아일보》 1926.4.29

[‡‡] 《조선중앙일보》1932.11.20/이석구 씨 장거, 동덕여고 신축, 신내 창신동 기지 사 가지고 5만원을 더해서 建築技工 中, 준공 따라 교세 확장

[§§] 《동아일보》1933.9.23/동덕여고보 신교사로 이전(사)

천도교는 보성학교와 동덕여학교뿐 아니라 1910년 말에는 용산에 있는 양덕학교 (養德學校)와 마포의 삼호보성소학교(三湖普成小學校)와 청파에 있는 문창학교(汶昌學校) 등 7개에 달하는 학교를 인수하여 경영하였다.*

천도교에서 학교를 인수하여 운영할 때는, 단순히 경영난에 처해 있는 학교를 인수한 것이 아니라, 학교는 사회의 공기라고 생각하여 교육에 대한 열의를 가지고 한 일이었다. 그래서 천도교단에서는 학교 운영은 개인이 하기보다는 사회에서 공동으로 학교재단을 설립해서 하여야 한다는 원칙을 가지고 있었다. 1923년 7월 박인호는 학교 운영에 대해서 "20년 천도교의 대표자인 관계로 교내 학교를 관리케 된 것을 비롯하여 경영 곤란에 빠진 사립학교 10여 개를 건져낸 것밖에는 별다른 사업이 없다. 앞으로 포부를 말한다면 학교가 사회의 공기인 만큼 개인의 독단적 관리를 떠나서 공공의 재단을 세우는 것이 가장 좋은 것으로 생각하여 이것을 실행하고 또 남에게 권하고 싶다."고 말하고 있다.†

* 「龍山三校管轄」「천도교회월보」제6호, 1911.1.15, p60
† 1911년 선천에도 천도교사립보명학교를 설립《동아일보》1927.7.30 「천도교회월보」제19호, 1912.2.15

취운정 터 표석 (감사원 본관 우측, 원 내). 삼청공원과 성북동 갈림길에 표석이 있다.

16. 취운정(翠雲亭)

서울특별시 종로구 북촌로 112 (삼청동 25-23) 인근

"물소리가 바람소리냐? 바람소리가 물소리냐? 가회동 깊은 골에 송풍이 시원하고 샘물소리 졸졸 들리니 이곳이 취운정이구나!"

1924년 6월 어느 날 신문기자가 소나무가 울창한 취운정(翠雲亭)에 올라가 읊은 글이다. 가회동 북촌마을 막바지 북서 진장방 삼청동(北署 鎭長坊 三清洞)에 위치하였던 취운정은 '귀족원공원'이라고도 하였는데 14,000여 평(또는 3만여 평)*에 이르는 면적에 암석과 노송이 우거져 경치가 수려한 곳이었다. 취운정은 1870년대 중반 왕가의 외척으로 사대수구당의 대표적 인물인 민태호(閔台鎬, 1834~1884)가 지은 정자였는데 지금은 삼청공원과 성북동길로 갈라지는 길옆에 작은 표석만 남아 있다. 취운정이 있던 곳을 예전에는 청린동(青麟洞)이라 하였고 그 서쪽을 백록동(白鹿洞)이라 하였다. 백록동은 홍영식(洪英植)의 별장으로 갑신정변 때 김옥균 등이 자주 밀회를 하여 개화운동을 계획한 곳으로 유명하며 유길준(兪吉濬)†이 미국에서 돌아와 개화당으로 몰려 이곳

---

* 『신인간』 1975.6.10 /잊지 못할 그날의 그 추억-朴來源

† 유길준은 1884년 정변 후 趙秉夏, 李喬翼 두 사람의 도움으로 顯官 閔應植을 설득하여 죽음을 면하고 捕將 韓圭卨의 집에 幽閉된 지 약 반년 있다가 다시 白鹿洞으로 옮겨져 6년 동안 招留되다.(《한국근대인물자료》)

백록동에서 유길준이 집필한 『서유견문기』

에 6년 동안 유폐되어 있는 동안에 『서유견문기(西遊見聞記)』를 집필하기도 하였다.

취운정은 민태호의 아들 민영익(閔泳翊) 당시에 출세를 위해 민씨 세도를 좇는 사람들이 끊임없이 드나들던 곳으로 유명하다. 어느 봄날 민영익은 복숭아꽃 구경을 하느라고 눈이 팔려서 찾아오는 사람들을 반면(反面)하였다. 장 모(張 某)는 이것을 풍자하여 '거년금일 차문중(去年今日 此門中) 반면도화 상영홍(反面桃花 相映紅) 반면불지 하처거(反面不知 下處去) 도화의구 소춘풍(桃花依舊 笑春風)'이라고 하였다. 이 글은 당나라 최호(崔護)의 시를 돌려 꾸민 것으로 '인면(人面)'을 '반면(反面)'으로 바꾸어 민영익을 '반면'함으로 조소하여 한때 웃음거리가 되기도 하였다. 가회동(嘉會洞) 화동(花洞) 계동(桂洞)이라 하면 부촌이라는 인상이 짙으나 가회동과 취운정은 민씨 세도의 터전이었

천도교의 천일기념 원유회(소풍) 광경(1946. 4. 6)

고 우국지사들의 회의장이 되어 개혁운동을 계획하였던 곳이었다.* †

　이곳은 대원군의 첩 백락동 마마가 몇 해를 살다가 죽은 뒤 이왕 전하의 어료가 되었다가 한성구락부가 있었으며, 1910년엔 총독부 소유가 되어 귀족들의 활터[榭亭]가 되었다가 조선귀족회의 소유가 되었다. 1920년 11월 5일 이범승(李範昇)이 가회동 취운정에 경성도서관을 설립하고 1920년 11월 27일 장서 2만 3천 권으로 경성도서관을 개관하였다. 현재 종로도서관의 전신인 경성도서관은 1921년 9월 조선총독부

---

* 《동아일보》 1924.6.28/가회동 취운정/

† 1840년경 창덕궁 전하의 장인 민표정(閔杓庭)이 세도를 부릴 때 취운정·사모정·백락동 등의 정자를 짓고 한가한 사람들과 취흥을 즐겼다.《동아일보》 1924.6.28/가회동 취운정

로부터 종로2가의 구 한국군악대 건물을 빌려 본관으로, 취운정 경성도서관을 분관으로 하여 운영되었다. 1921년경부터 취운정 공원을 조성하려는 움직임이 일어나 1926년 2월에는 윤익선(尹益善)·조철희(趙轍熙)·이덕규(李悳奎)·정기인(鄭箕仁) 등이 발기회를 조직하기까지 하였으나 실현되지 못했다.

1928년에는 조선귀족회 손에서 일본인에게 넘어가자 이곳은 아침 운동하는 곳, 웅변이나 성악을 익히는 곳, 세탁장 등이 되었으며 특히 약수터와 활터로 유명하였다. 그러나 1940년대 와서는 취운정에서 가회동 맹현에 이르는 울창한 소나무 숲은 모두 사라지고 기와집들이 차 버렸다.[*]

1910년 10월 천도교는 송현동에 2층 건물을 신축하여 2층은 중앙총부 본관으로, 1층은 성화실로 사용하였는데, 수천여 명이 모이는 천일기념식과 같은 행사를 할 때는 공간이 협소하여 집회를 개최할 수가 없었다. 그래서 송현동에서 가까운 삼청동에 있는 취운정을 집회 장소로 사용하였다.[†]

1914년 4월 5일 천일기념일에 전국에서 5천여 명의 교인들이 모여들어 송현 중앙총부 일대는 물론 북촌 일대가 축제 분위기로 웅성거리고 부근의 여관과 음식점은 초만원을 이루었다. 그뿐만 아니라 시장은 명절 대목처럼 상품을 산더미같이 쌓아 놓았다. 안국동·재동·가회동·화동 일대는 물론 특히 의암성사 댁과 춘암상사 댁 사이의 길은 문안을 드리려는 교인들로 북새통을 이루었다. 아침 9시부터 교인들이 송현동 중앙총부로 밀물처럼 몰려들어 의암성사와 춘암상사의 자리와 가까운 쪽으로 다투어 다가앉았다. 성사가 쌍두마차로 총부에 도착하여 연단 왼쪽 꽃방석에 상사와 함께 좌정하면 중앙 간부와 지방 두목들이 차례로 앉았다. 교당에 들어오지 못한 교인들은 마당에 차일을 치고 멍석 수백 장을 깔고 앉았는데, 이곳에도 자리를 못 잡은 교인들은 길가에 서 있어야만 했다. 중앙총부 입구와 교당 꼭대기에는 대형 궁을

---

[*] 《동아일보》 1924.6.28/가회동 취운정
[†] 「천도교회월보」 제46호,1914.5.15/翠雲亭 園遊會

기가 바람에 나부끼고 식장에는 소형 궁을기와 만국기로 단장하고 그 사이사이에는 수박등(수박 모양의 등)을 달았는데 밤이 되면 수백 개의 수박등에 양초와 향초를 켜서 휘황찬란하게 장관을 이뤘다.[*]

1914년에도 천일기념식(4월 5일) 다음 날의 축하대원유회는 가회동의 취운정 동산에서 개최하였다. 이때의 원유회는 규모가 얼마나 컸던지 장안에서 유명한 명월관·혜천관·국일관 등 일류 요리집에 음식을 예약하였다. 또 이동백(李東伯)·송만갑(宋萬甲) 등 일급 명창 수십 명과 일류 기생 40여 명이 가설무대 두 곳으로 나뉘어 궁중무 포구락(抛毬樂),[†] 가인전목단(佳人剪牧丹),[‡] 선유락(船遊樂),[§] 항장무(項莊舞)[¶] 등의 가무를 펼쳤는데, 구식 악공 수십 명의 풍악은 운소가 사무치고 신식 군악대의 음악은 사람의 이목을 화창하게 하고 화포 수십 방을 터뜨려 분위기가 고조되었다. 그런가 하면 또 한편에서는 광대의 줄타기와 묘기를 보여주었다. 산곡 사이 곳곳마다 모의점(模擬店) 30여 곳을 설치하여 교인들이 자유롭게 다니면서 다과는 물론 조선 약주와 일본 술[正宗]을 서너 말[斗]들이 통에 가득 부어 놓고 대접을 띄워 마음대로 마시게 하였다. 점심은 큰 가마솥에 곰국을 끓여서 양대로 먹게 하였는데 5, 6천 명의 교인뿐 아니라 구경꾼이 수천 명으로 장관을 이루었다.[**]

이곳은 특히 의암성사가 활쏘기를 하다가 이강 공을 만나 친분을 쌓고 이강 공이

---

[*] 『신인간』 1975.6.10/잊지 못할 그날의 그 추억-朴來源

[†] 고려 문종(文宗) 27년(1073) 교방여제자(敎坊女弟子) 초영(楚英)이 구장기별기(九張機別伎)와 함께 새로이 전래한 것으로, 죽간자(竹竿子)가 나와 마주 서고, 여기(女妓) 하나는 꽃을 들고 포구문(抛毬門) 동쪽에 서고, 하나는 붓을 들고 서쪽에 섬. 12인을 6대(隊)로 나누어 제1대 2인이 노래를 부르며 춤을 추다가 위로 던져 구멍으로 나가게 함. 제1대가 춤추고 물러서면 제2·제3대가 차례로 추는데, 공을 구멍으로 넘기면 상으로 꽃 한 가지를 주고, 못하면 벌로 얼굴에 먹점을 찍는다.

[‡] 가인전목단(8명이 꽃을 들고 추는 궁중무용)

[§] 곱게 단장한 채선(彩船) 둘레에 여러 여기(女妓)가 패를 나누어 서서 배 가는 시늉을 하며, 〈이선가(離船歌)〉와 〈어부사(漁父詞)〉에 맞추어 추는 무용이다

[¶] 대취타(大吹打)를 반주 음악으로 추는 무용극

[**] 『천도교회월보』 제45호, 1914.4.15/원유회 성황: 『신인간』 1975.6.10/잊지 못할 그날의 축제-박래원

천도교에 입교하는 계기를 만든 곳이기도 하다. 또한 중앙총부와 가까운 거리에 있어 천도교소년회를 비롯한 단체들이 각종 행사를 하는 단골 장소로 1921년 6월 12일 천도교소년회 춘계대운동회를 이곳에서 개최하기도 하였다.* 그러나 1912년 우이동에 봉황각을 건축하고 또 1916년 숭인동에 넓은 상춘원을 매입한 후 수천 명이 모이는 큰 행사는 주로 이 두 곳에서 행하게 되었다.

1910년대 초 천도교 역사를 간직하고 있던 취운정의 모습은 사라져 버렸지만 천도교 사적지로서의 역사는 잊어서는 안 될 것이다.

창덕궁 낙선재 경내에 취운정(翠雲亭)이라는 이름의 정자가 하나 있고, 또 북촌의 어느 한옥 대문에도 취운정이라는 이름을 사용하고 있으나 가회동에 있었던 취운정과는 다른 곳이다.

* 취운정에서 소년회 춘계대운동회(『청년회회보』 제3호,1922.12.30)

취운정 터 표석

위/ 의암성사(손병희) 집터(가회동 청남
문화원 빌딩)
아래/ 의암성사 집터 표석

17. 의암성사(손병희)의 집터

서울특별시 종로구 북촌로 41 (가회동 170-3)

의암 손병희 성사의 집은 종로구 재동(잿골) 75번지(가회동 175)로 천도교중앙총부에서 재동 네거리를 건너 왼쪽으로 헌법재판소를 지나고 오른쪽으로 재동초등학교를 지나 다시 200미터를 올라간 북촌로에 있는 가회동 주민센터 옆 청남문화원 빌딩 자리에 있었다.

이곳은 조선 초에는 한성부 북부 가회방 지역이었다가, 1914년에 맹현(孟峴)·재동(齋洞)·동곡(東谷)·계동(桂洞) 일부를 합쳐 경성부 가회동이라고 하였다. 1936년 가회정(嘉會町)으로 바뀌었고, 1943년 종로구에 편입되고, 1946년 다시 가회동으로 바뀌었다.

일본에 체류하던 의암성사는 1906년 1월 28일 환국하여 남서 광통방 상다동 2통 10호[南署 廣通房 上茶洞 2統 10戶(茶屋町)]에 미리 마련한 자택에서 살았다. 그리고 1906년 9월 25일 사동 19통 8호(寺洞 19統 8戶)로 이전하였다는 기록이 있으나 이것은 중앙총부와 의암성사 댁을 혼동한 것으로 보인다.*[†] 그리고 1908년 5월 4일 홍순찬(洪淳贊)이 일

---

* 1906년 9월 25일 손병희 中署 寺洞 19통 8반으로 이주 《황성신문》1906.9.26

[†] 1907년 8월 13일 중앙총부를 大寺洞 19統 8戶로 이전하였다. 《황성신문》1907.8.15/1907년 9월 6일 중앙총부를 中署 貞善坊 紬洞 第2統 6戶로 이전 《황성신문》1907.8.6/7/9-광고/1908년 4월 24일 중앙총부를 南部 大坪坊 弘門洞 5統 1戶에 이전하다. 《황성신문》1908.4.24.광고/1909년 6월 4일 중앙총부를 中部 大

본인에게 8천 환에 전집(典執)한 재동(齋洞) 75번지 410평 집 두 채를 4천 환에 매입하여 일변은 교당을 건축하고 일변은 의암성사의 응접실[居接室]로 사용하기 위해 낭옥(廊屋)을 일병 훼철한 후 새로 집을 지었다.* 1908년 9월 25일 다옥정에서 옮긴† 가회동 집은 백여 칸으로 사랑채는 아래위 칸과 대청을 합하면 백여 명이 앉을 수 있었다.

재동 의암성사 집에는 곽씨 부인, 큰딸 관화(寬嬅) 가족, 손재기(孫在基) 가족, 재종손(再從孫) 손재용 가족, 봉도 김상규(金相奎) 가족과 관리인이 함께 살았다. 이때 의암성사의 홍씨 부인은 익선동에, 주씨 부인은 청진동에 따로 살았다. 그때까지 해월신사의 손씨 부인은 서부(西部) 국동(麴洞) 제47통 1호에서 살고 있었는데, 이용구(李容九)·엄주동(嚴柱東) 등이 천도교회의 공동재산을 위임할 때 대도주의 명의로 매치(買置)하여 사댁(師宅)으로 완정(完定)한 것이다. 그런데 이용구(李容九) 등이 출교되어 일진회(一進會)와 시천교(侍天敎)를 별립(別立)한 후로 그 가택(家宅)의 소유권을 주장하므로 천도교 중앙총부에서 성토하는 광고를 하였으나 시천교로 넘어가고 말았다.‡ 그래서 해월신사의 손씨 부인을 비롯한 최동희 가족, 최동호 내외, 해월신사의 딸 최윤(崔潤)과 그의 아들 정순철 내외, 해월신사 누님의 딸 내외 등은 의암성사의 집에 바로 인접한 재동 79번지에 살았다. 그리고 봉도 최준모와 노헌용의 손자 노수현(盧壽鉉, 화가) 등도 이곳에서 살았다.

그 밖에 주씨 부인(주옥경)이 살던 김상규(金相奎)의 집이 있었는데 이곳은 1919년 2월 27일 밤 천도교단의 민족 대표 11명이 모여 독립선언서에 날인을 한 곳이기도 하다.

잿골 가회동 75번지의 의암성사의 집은 백여 칸으로 대청은 백여 명이 앉을 수가 있었다. 손병희는 평일에는 시회를 하거나 악사들과 거문고·가야금·양금·젓대·피리·

　　　寺洞 十九統 八戶로 移接하다.《황성신문》1909.6.6/-광고
*　　齋洞의 洪淳贊이 日本人에게 8천 환에 典執한 家屋을 4천 환에 買入--41평 57평 기와 및 초가집 두 채《황성신문》1908.5.4/
†　　다옥정에서 가회동으로 이사를 했는데……「신인간」1975.6.10/4월의 추억-孫溶嬅
‡　　《황성신문》1908.10.10/20 천도교 광고

재동 75번지 의암성사 집 안채

행금 등의 연주회를 하였다. 그리고 취운정에 올라가 활쏘기를 하였는데, 이곳에서 이강 공을 만나 이강 공이 의암성사를 아버지라고 부르며 천도교에 입교를 하였다.*

3·1운동으로 인하여 교회 재정이 악화되자 1922년 8월 17일부터 8월 31일까지 개최된 천도교교구대표위원회에서 중앙총부 간부들이 대부분 살고 있던 교회 소유 가옥 40여 채는 대부분 매각하게 되었다.† 의암성사는 3·1운동으로 투옥되었다가 출옥한 후에는 상춘원에서 요양을 하다가 환원하였기 때문에 가회동 집에는 가족들만이 살고 있었으나 집은 보성초등학교에 기증하였고,‡ 11월에는 해월신사 가족은 수원군 성호면 가장리로, 또 의암성사 가족은 홍성군 홍성읍 교동(校洞)으로 이주하는 등 흩어져 살게 되었다.§

---

* 　박래원 「춘암상사의 생애와 사상」『신인간』 제296호, 1972.5. pp40~41

† 　천도교교구대표위원회회록 「천도교교회월보」 제144호, 1922.9.15 《동아일보》 1922.8.17(3)/9.01(3)/제1회 종법사회 「천도교교회월보」 제148호.1923.1.15/종법사회완료

‡ 　歷史 오랜 普專初等學校, 신축을 시작 《동아일보》 1923.7.14

§ 　神聖師兩宅移轉 「천도교교회월보」 제146호, 1922.11.15

1912년 4월부터 1922년 8월까지 춘암상사가 살았던 기회동 27번지 집터. 현재는 천주교 노틀담교육관이 들어서 있다.

18. 춘암상사(박인호) 댁

서울특별시 종로구 북촌로 54 (가회동 27-1) 외

춘암 박인호 상사가 살던 집은 북촌 가회동 27번지로 의암성사의 집에서 북쪽으로 50미터를 올라간 동쪽 언덕에 있었다. 현재 천주교 〈노틀담교육원〉이 자리하고 있다.

1906년 1월 28일 춘암상사는 의암성사와 일본에서 환국하여 남대문 밖 남서(南署) 도동(桃洞)에서 살았으나 이때부터 가회동 집으로 이전하기까지의 자료는 발견되지 않는다. 교회에서는 1912년 4월 1일 가회동 27번지 대지 467평 52칸으로 아래위 칸 사랑과 마루에 4,5백여 명이 들어설 수 있는 집을 2,900원에 매입하였다.* 재동의 의암성사 집에서 북쪽으로 100미터 올라간 동쪽 언덕 맹현에 있었다. 그래서 아이들은 의암성사를 '재동 할아버지' 춘암상사를 '맹현 할아버지'라고 불렀다. 맹현(孟峴)은 현재 종로구 화동 정독도서관 뒤에서 가회동으로 넘어가는 언덕바지 일대로서, 세종 때 좌의정을 지낸 맹사성(孟思誠)과 그의 후손으로 숙종 때 감사를 지낸 맹만택(孟萬澤)이 살았다고 해서 맹감사 고개·맹현으로 유래된 이름이다.

---

* 박래원, 「춘암상사의 생애와 사상」『신인간』 제296호, 1972.5. pp40~41.

가회동에 있는 춘암상사의 집에는 남인화(南寅嬅) 부인을 비롯해서 아들 손자 조카들의 가족 등 20여 명이 함께 살았다.* 춘암상사가 가회동에서 살 때의 일과는 춘하추동 질서 정연하였다. 아침 5시에 일어나 1시간 정도 집 안에서 혹은 밖에 나가 10리 정도 걷는 운동을 하였는데 이때도 주문을 외웠다. 7시에 조반을 마치고는 곧바로 서편 언덕 아래에 있는 의암성사의 집으로 갔다.† 의암성사는 8시에 조반을 하였는데 이 시간에 두 사람은 교회 운영에 대한 중요한 계획과 실천 방안을 강구하였다. 의암성사의 조반이 끝나면 춘암상사는 9시에 총부로 출근하여 교회사를 처리하고 정오에 퇴근하였다. 오후 1시에 점심을 한 후에 사랑채에 나가 내방 교인들을 접견하였는데 손에는 언제나 염주를 들었고 어떤 경우에도 눕거나 다리를 뻗는 일이 없었다. 제자들이 사랑채에서 장기나 바둑을 두어도 들여다보는 일이 절대로 없었으며 오직 수도 생활에만 정진하였다. 1920년 이후 교회가 분열되어 있을 때에도 누가 신파 구파에 대한 말을 하면 "자기의 주장과 다르다고 남을 비방하면 되겠는가? 그럴 시간이 있으면 주문을 더 생각하라."고 하여 어떤 경우에도 남을 비방하는 일이 없었다.

어느 날 의암성사가 삼청동 취운정에서 활쏘기를 하고 귀갓길에 가회동 춘암상사의 집에 잠시 들렀다가 춘암상사에게 "도주장(道主丈)도 가끔 활이나 쏘러 다닙시다." 하였다. 그러자 춘암상사가 대답하기를 "저는 그동안에 주문이나 더 읽겠습니다." 하였다. 이에 의암성사가 말하기를 "생각하는 것은 내가 나으나, 실천궁행(實踐窮行)하고 대도(大道)를 지키는 것은 춘암도주가 나보다 나으니라."고 격찬하였다. 축성(築城)이 아무리 잘 되어도 수성(守城)을 하지 못하면 망하는 것과 같이 성사와 상사의 관계는 마치 축성과 수성의 관계 같았다.

---

* 아들 부부 朴來弘과 具仁媓, 손자 부부 朴義爕과 安禮嬅, 조카 부부 來源과 趙德子 및 來哲과 金哲嬅, 그리고 손자 손녀 등이 함께 살았다. 『天民實錄』 天道教中央總部 乙號(1913~1915)및京城教區 第3號(1918)
† 종의원의장 이종해 「迎 법종춘암상사출세백년」 『新人間』 속간제1호, 1955.11. 10 /이종해는 어려서부터 어머니와 함께 박인호의 집에서 가족으로 살았다.

1915년(乙卯) 2월 1일 춘암상사의 회갑을 맞아 중앙총부에서는 대교당에서 교인과 각 학교 학생들 1천여 명이 참석하여 성대한 경축식을 거행하였다. 그리고 경축식 후에는 가회동 집 정원에서 헌수식이 있었다. 그리고 전국 각 지방에서 참석한 교구장을 비롯한 교인 수백 명이 참석하여 헌시회(獻詩會)를 하였는데 이때의 시문(詩文)이 수백여 편에 달했다. 그 화갑시문(花甲詩文) 중 370여 편을 아들 박래홍이 편집하고 양한묵이 서문을 써서 『수시집(壽詩集)』을 엮었다. (1985년 7월에 취운회에서 영인본을 펴냈다.)

3·1운동 때에는 중앙총부에서 이 집에 숨겨 보관하였던 현금 70만원을 일제 동국에게 압수당했으며 3·1운동으로 악화된 교회 재정을 충당하기 위해 1922년에 교단 소유의 가옥들 대부분을 매각 처분할 때 이곳도 내어 주고 8월에는 의암성사가 요양하다가 환원한 동대문 밖 숭인동 157번지 상춘원으로 옮겨 살게 되었다.* 춘암상사가 상춘원에 계시던 1926년 6·10만세운동 때에는 격고문을 인쇄한 후 숨겨 두었던 대한임시정부인(大韓臨時政府印)이 대대적인 수색으로 발각되어 고초를 당하였다. 그후 1927년 4월에는 궁정동으로 이전하였다가, 1932년 9월에는 서대문 전셋집으로 이전하였고, 1933년 7월에 황해도 교인 홍명희(洪鳴○)가 마련해 준 수창동(需昌洞, 현 내수동) 집으로 옮겨 살았다.

멸왜기도운동 이후 병석에 누워 있던 춘암상사는 1932년부터 신구파로 분열되어 있던 교회가 합동한다는 소식을 듣고 1940년 4월 3일 오후 3시 15분에 서울 내수동 92번지 자택에서 향년 86세를 일기로 환원하였다. 춘암상사가 환원하자 교회에서는 4월 4일 신구파가 합동대회를 개최한 후 7일 교회장으로 영결식(永訣式)을 거행하고 고양군 은평면 갈현리 묘지에 안장하였는데 이때 최린이 친필로 〈天道敎第四世敎主法宗春菴上師 朴寅浩之墓〉라고 쓴 지석(誌石)을 묘전에 묻었다.

---

* 이동초 『천도교 민족운동의 새로운 이해』, 2010, 모시는사람들

신간회본부 총무간사이며 천도교청년총동맹 대표인 박래홍이 괴한에게 피살되어 1928년 10월 9일 궁정동 자택에서 발인하여 대교당 앞 광장에서 영결식을 거행하였다.

1927년 4월 이전한 궁정도에서 사는 동안 신간회 총무간사로 활동하던 아들 박래홍(朴來弘)이 괴한 서을봉(徐乙鳳)에게 피살되었고, 1929년 7월에는 남인화(南寅嬅) 부인이 이곳에서 환원하였다.

종로구 궁정동은 1914년 4월에 조선 시대부터 이곳에 위치하였던 북부 순화방의 육상궁동·동곡·온정동·신교·박정동의 각 일부를 병합하여 육상궁동에서 '궁(宮)' 자와 온정동·박정동에서 '정(井)' 자를 따서 유래되었다. 궁정동은 조선 초까지는 한성부 북부 순화방 지역이었고, 영조 27년(1751)에 간행된 『도성삼군문분계총록』에 의하면 북부 순화방에는 사재감계가 설치되었다. 1895년 윤5월 1일 칙령 제98호로 한성부 북서(北署) 순화방 사재감상패계에 속하였다. 1910년 10월 1일 총독부령으로 한성부 북서에서 경성부 북부로 바뀌었고, 1911년 4월 1일 경기도령에 의해 개편된 북부 순화방 지역이 1914년 4월 1일에 궁정동으로, 1936년 4월 1일에는 경성부 궁정정으로, 1943년 6월 10일에 종로구 궁정정이 되었다. 1946년 10월 1일 일제식 동명을 우리 이름으로 바꿔 궁정동이 되었다.

내수동은 조선 시대 내수사(內需司)가 이곳에 있어 유래되었다. 1396년(태조 5) 4월 1일 한성부 5부 방명(坊名)의 표지를 세울 때 한성부 서부 인달방에 해당되었고, 1751년(영조 27)에 서부 인달방의 사직동계·봉상시계·내수사계 일대가 포함되어 있었다. 1895년 윤5월 1일 칙령 제98호로 한성부 서서(西署) 내수사계의 내사전동으로 되었다. 1910년 10월 경성부 서부로, 1911년 4월 서부 내수동, 1914년 4월 내수사와 대창동에서 글자를 따서 수창동이 되었다. 1936년 4월 조선총독부령으로 경성부 관할구역이 확장되고 경기도고시 제32호로 동 명칭이 개정될 때 경성부 내수정으로, 1943년 6월 경성부 종로구 내수정이 되었다. 1946년 10월 1일 서울시헌장과 미군정법령 제106호에 의해 일제식 동명을 우리 이름으로 바꿀 때 내수동이 되었다.*

---

* 『서울지명사전』 2009.2.13, 서울특별시사편찬위원회 / 태조실록도성삼군문분계총록(1751) 육전조례(1867)

태화관 터에 세워진 삼일독립선언유적지 표석

19. 태화관

서울특별시 종로구 인사동5길 29 (인사동 194-27)

태화관은 1919년 3월 1일 민족 대표 29명이 모여 조선 독립을 선언한 곳이다. 본래 이곳은 순화궁(順和宮)이 있던 자리로 인조가 어린 시절을 보냈으며 그 후 헌종의 후궁이며 세도 가문 안동 김씨 김조근(金祖根)의 딸 경빈 김씨(慶嬪金氏)가 순화궁 주인이었다. 한일합방 이후 이완용이 별장으로 사용하였다. 1918년 명월관 주인 안순환(安淳煥)이 다시 이곳을 사들여 태화관(太華館)을 차렸다가 태화관(泰和館)으로 고쳤다. 3·1운동 후 1921년 감리교로 넘어가 태화여자관으로 사용되었다. 현재 이 자리에 세워져 있는 태화빌딩은 태화기독교사회복지관의 회관으로 사용되고 있다.

1919년 3월 1일 오후 2시 이곳 태화관에는 민족 대표 29명이 참석하였다. 최린의 제안에 따라 한용운이 국제 정세와 민족 역량이 성숙되었음을 전제하고 '오늘 우리가 모인 것은 조선의 독립을 선언하기 위한 것으로 자못 영광스러운 날이며, 우리는 민족 대표로서 이와 같은 선언을 하게 되어 책임이 중하니 금후 공동협심하여 조선 독립을 기도하지 않으면 안 될 것'이라는 취지를 밝히고 독립만세를 삼창하였다. 태화관 주인 안순환으로 하여금 이 독립선언 사실을 총독부에 통고하게 하여 자동차에 3명씩 타고 남산 경무총감부로 잡혀갔다.

탑골공원 내 의암성사 동상

20. 탑골공원 의암성사 동상

서울특별시 종로구 종로 99 (종로2가 38-1)

1991년 10월 25일 사적 제354호로 지정된 탑골공원 자리는 고려 시대에는 흥복사(興福寺)가 있었고, 조선 시대에는 1464년에 이를 중건한 원각사(圓覺寺)가 있었다. 연산군 때 원각사를 폐사하고 중종 때 건물이 모두 철거되면서 빈터만 남아 있다가, 1897년(광무 1) 영국인 브라운의 설계로 공원으로 꾸며 파고다공원이라 하였다. 1992년 이곳의 옛 지명을 따라 파고다공원에서 탑골공원으로 변경하였다. 본래 탑골공원 삼일문에는 광복 직후 서예가 김충현이 쓴 현판이 걸려 있었는데, 1967년에 박정희 전 대통령이 직접 쓴 현판을 새로 달았다. 그러나 2001년 11월 한국민족정기소생회 회원들이 "3·1운동의 발상지인 탑골공원에 일본군 장교 출신이 쓴 현판을 걸 수 없다."며 뜯어 냈다. 이에 서울시 종로구에서는 그동안 서울시 및 문화재청과 현판 재설치에 관해 협의하여 2003년 2월 가로 1.2m, 세로 0.9m로 기존 것과 동일한 크기의 현판을 새로 제작하여 달았다. 현판의 글씨체는 '삼' 자와 '일' 자의 경우 독립선언서의 글자를 그대로 이용했고, 선언서에 없는 '문' 자는 다른 글자의 자음과 모음을

원각사지 10층석탑

조합해 만들었다.[*]

공원 안에는 세조가 세운 원각사지(圓覺寺址) 10층석탑(국보 제2호), 1471년(성종 2)에 세운 원각사비(보물 제3호), 3·1운동 때 민중들이 독립선언서를 낭독하였던 1902년(광무 6)에 세운 탑골공원팔각정(서울특별시 유형문화재 제73호), 동북쪽 담장에는 3·1정신찬양비(박종화 글, 김충현 글씨)와 3·1운동을 형상화한 10개의 조형물이 설치되어 있고, 1980년에 건립한 3·1운동기념비(독립선언서가 새겨져 있음)이 있다.

그리고 1966년 5월 19일 의암손병희선생기념사업회(명예회장 李承晩, 회장 趙東植, 부회장 李應俊 兪鎭午)에서 건립한 의암성사의 동상이 파고다공원 중앙에 건립되었다. 기념사업회에서는 1959년 10월 8일 우이동 묘비 건립에 이어 1965년 5월 19일에는 건립비 630만원으로 높이 24척의 동상을 조각가 문정화가 맡아 기공식을 거행한 후 1966년 5월 19일에 동상을 건립하였다.[†]

1907년 고종 황제 양위와 정미7조약을 반대하다가 8월에 해산당한 대한자강회의

---

* 탑골공원 「시사상식사전」 2013, 박문각
† 《동아일보》 1965.9.7/의암동상건립 파고다공원에

원각사비

후신으로 11월에 설립한 대한협회의 사무소가 탑골공원 동문 밖 탑동 32통 1호에 있었다. 의암성사가 일진회의 시천교에 대항하여 천도교를 대한협회의 주교(主敎)로 추진하였는데, 오세창을 비롯하여 권동진·이종일·장효근·이병호·이종린 등이 참여하였다.*

*   天道敎主敎 孫秉熙 一進會의 侍天敎에 對抗하여 天道敎를 大韓協會의 主敎로 推進 件, 憲機第四一三號 출처-국사편찬위원회 한국사데이터베이스

주차

1-9

안국동사거리에서 바라본 감고당길 모습

21. 감고당 인쇄소

서울특별시 종로구 윤보선길 61 (안국동 17, 도서출판 명문당 자리)

1926년 6월 10일 순종 인산일(因山日)의 6·10만세운동을 준비하기 위해 5월 11일 천도교 지도부의 지원을 약속받은 박래원은 격문을 인쇄하기 위하여 조선공산당원으로 활동하고 있는 민창식, 경성인쇄직공조합의 집행위원 양재식(천도교인), 신흥청년동맹원으로 해영사(海英社)에서 인쇄공으로 있는 이용재 등에게 요청하여 협력을 받기로 하였다.* 또 중화군 상원 출신의 천도교인으로 황금정에서 명심당(明心堂, 인쇄소와 인장포)을 경영하는 백명천을 설득시켜 가담토록 하였다.

박래원은 격문을 인쇄하기 위해 동지를 규합한 후에 장소를 물색하여 안국동 36번지에 있는 빈집을 월 12원씩 3개월분 36원을 지불하고 빌렸다. 그리고 백명천 내외와 하숙생으로 위장한 양재식을 그 빈집에 입주시켰다. 5월 15일경 박래원은 권오설에게서 격고문과 전단 원고와 함께 추가지원금 250원을 받고, 5월 19일 감고당 인쇄소 주인 민창식과 함께 명치정(明治町, 현재의 명동)에 있는 앵정(櫻井)활판제작소에서 130원짜리 대형인쇄기와 50원짜리 소형인쇄기를 구입하고 활판소 주인에게 인쇄기

---

* 「이용재신문조서」(1회)1926.11.1〈문서번호100〉p516~518

감고당 인쇄소가 있던 민창식의 집

를 수원까지 운반해야 하니 튼튼하게 포장해 달라고 부탁하였다. 그리고 인쇄기를 손수레꾼을 불러다가 싣고 황금정 입구를 떠나 여러 번 수레꾼을 바꾸면서 안국동 빈집까지 운반하였다.[*]

　박래원은 일단 안국동에 인쇄기를 설치한 후에 양재식에게 돈을 주면서 활자와 인쇄용지 및 지절도(紙切刀)를 사 오게 하고, 자신은 서양지(西洋紙) 2천 매와 인쇄용 잉크를 사 가지고 왔다. 그리고 손재기는 자신이 일하던 개벽사 제본소에서 2,500매를 16절지로 재단하여 주었으며, 그 이튿날 500매, 또 2일 후 밤에도 1,000매를 재단해 주었다.[†] 이렇게 손재기가 재단해 준 매수로 보아 용지는 최소한 4천 매 정도로 보인

---

* 　표영삼 「6·10만세와 천도교」(상), 『新人間』 510호, 1992.11.1
† 　暴徒史編輯資料 『고등경찰요사』 p290 /표영삼 앞의 책 p25

다. 그리고 안국동 백명천의 셋집에서 5월 23일부터 27일까지 밤낮을 가리지 않고 격문 인쇄를 계속하였다.

그런데 이곳에서 위조지폐를 인쇄한다는 소문이 나돌아 발각될 위험을 느끼게 되었다. 그래서 그날까지 인쇄한 전단은 경운동 천도교당에 앞에 있던 손재기의 집으로 옮겨 숨겼고, 대형인쇄기는 마땅히 숨길 장소가 없어 이화동 122-2번지에 있는 백명천의 본가로 옮기는 한편 소형인쇄기는 안국동 27번지에 있는 민창식의 감고당(感告堂)인쇄소로 가져다 숨겨 놓았다.*

그런데 이렇게 급하게 인쇄기를 운반을 하는 바람에 대형인쇄기가 제대로 작동되지 않아 그대로 놓아 두고, 소형인쇄기만을 사용하여 나머지를 인쇄하였다. 박래원은 이곳에서 5월 28일까지 격고문 1만 3백 장, 〈대한독립만세〉 2만 5백 장, 〈대한독립운동자여 단결하라!〉 8천여 장, 〈산업은 조선인의 본위로〉 7천 7백 장 등을 무사히 인쇄하였다.

그리고 박래원은 격문인쇄 작업을 진행하던 5월 23, 24일경 백명천에게 50원을 주어 〈대한임시정부인(大韓臨時政府印)〉 및 〈대한독립당인(大韓獨立黨印)〉을 새기도록 하였다.† 그리고 그중 〈대한독립당인〉으로 인쇄된 1만여 장의 격고문에 날인을 한 후에 소각하고, 나머지 〈대한임시정부인〉은 동대문 밖 박인호가 살고 있는 상춘원(常春園) 경내에 묻어 숨겨 두었다.‡ 또한 격고문 원고는 물론 사용한 활자도 전부 불에 녹여 없애 버렸다.

이렇게 격고문의 인쇄를 끝마치고 박래원은 5월 27, 28일경 권오설을 찾아가 격고문과 선전문을 속히 배포하자고 독촉하였다. 그런데 김단야가 보내기로 한 돈이 도

---

* 표영삼 「6·10만세와 천도교」 (상), 「新人間」 510호,1992.11.1

† 「권오설외신문조서」 p5 및 「高等警察要史」 p290 /박래원은 5월 23~24일경 백명천에게 의뢰하여 〈大韓臨時政府之印〉(2寸角) 및 〈大韓獨立黨印〉(1寸 5分角)등 2개의 인장을 조각케 하여 〈大韓獨立黨印〉만 날인 사용한 후 소각하고 다른 것은 사용하지 않은 채 박인호의 집 상춘원 내에 매물한 것을 발굴 압수했다.

‡ 박래원 신문조서(1회) 및 박래원 「6·10만세운동 회상」 「新人間」 제337호, 1976. p15

착하지 않아 발송을 하지 못하게 되자 박래원은 10만여 장의 인쇄물* 중 5만 장은 석유상자에 넣어 못질을 하고, 나머지 5만 장은 버들고리짝에 넣어 단단히 포장하였다. 포장된 인쇄물은 27일과 31일 두 번에 걸쳐 천도교당으로 운반한 후 다시 손재기의 집으로 옮겨서 숨겨 놓았다. 이로써 6월 1일에는 6·10만세운동에 필요한 인쇄물이 모두 준비되었다.

그러나 만세운동은 거사 직전에 발각되어 실패하고 말았다. 6월 10일 황제의 국장일을 맞아 용산에 주둔하고 있는 일제의 조선군사령부에서는 종로 파고다공원에 임시사령부를 설치하고 보병과 기병 및 포병 등 일본군 5,000명을 시내의 각 요소에 배치하여 삼엄한 경계를 하였다. 그렇지만 이날 오전 8시경 황제의 상여가 창덕궁 돈화문을 떠나 황금정(단성사 앞) 거리를 벗어나 8시 40분경에 관수교를 지나자 보성전문학교 학생 수십 명이 '조선독립만세'를 부르면서 활판으로 인쇄한 격문 수만 매를 뿌리자 격문은 상여 주위까지 날아갔다. 그러자 삼엄한 경계를 하던 경찰과 기마대가 즉시 달려와 학생들을 제지하였으나 대열 속에 있던 연희전문학교 학생들이 호응하면서 엄숙하던 인산 행렬이 크게 소란하게 되었다. 특히 상여 뒤를 따르던 기마의 장대의 말들이 놀라 뛰는 바람에 군중들이 우왕좌왕하는 큰 혼잡으로 중경상자가 많았으며 현장에서 학생 30여 명이 체포당했다.

인산 행렬이 지나는 곳마다 군중들의 호응이 커졌는데, 9시경 돈화문 부근에서는 중앙고등보통학교 학생들이 전단을 뿌리며 '조선독립만세'를 부르기 시작하여 50여 명이 체포당했다. 9시 20분경에는 황금정 도립사범학교 앞에서도 군중들이 만세를 부르며 격문을 뿌려 수명의 청년이 체포되었다. 그 밖에 동대문·관수교·황금정 3정목(3가)·훈련원·동대문 동묘(東廟)·청량리에 이르는 연도에서 군중들이 독립만세를 불렀다.

---

* 일제의 〈高等警察要史〉에는 인쇄물을 5만 매로 보고 있으나 박래원은 10만 매라고 했다.

윤보선길 61, 현재 도서출판 명문당이 들어서 있다.

22. 신간회경성지회

서울특별시 종로구 율곡로 49 (안국동 155)

　　종로경찰서 길 건너 맞은편에 있는 안국동우체국 자리에 천도교인이 주류를 이루었던 신간회경성지회가 있었다. 신간회는 1926년 6월 10일 순종의 인산일(因山日)을 계기로 일어난 6·10만세운동에 자극받아 천도교를 비롯한 민족주의 세력과 사회주의 세력의 타협에 의해 민족협동전선으로 창립되어 1927년 2월부터 1931년 5월까지 존속한 경성지회를 비롯해 전국에 150여 개의 지회와 4만여 명의 회원을 가진 민족운동단체이다. 특히 천도교가 주도하였던 신간회경성지회는 1927년 6월 10일 중앙청년회관에서 설립하여 낙원동 179번지에 사무실을 두었다가, 1928년 1월에는 낙원동 160번지로 잠시 이전하였고, 1928년 8월에는 청진동 126번지 전셋집(3천원)으로 옮겼다. 1930년 4월 12일 경성지회 전체대회에서 천도교의 이종린이 집행위원장으로 선출되어[*] 1930년 9월 18일에는 사무실을 안국동 155번지 이명수(李命洙)의 월셋집(보증금 100원에 월세 35원)으로 이전하였다. 그러나 경성지회가 재정이 어려워 월세를 지불하지 못하자 집주인이 1931년 3월 5일 경성지법에 명도소송까지 하였으나, 1931

---

[*]　《조선일보》 1929.7.23

신간회경성지회가 있던 자리. 현재 안국동 우체국이 자리하고 있다.

년 4월 14일 신간회경성지회가 해소될 때까지 신간회 해소를 반대하는 등 적극적인

활동을 하였던 곳이다.*

---

* *1930년 9월 20일 안국동 155번지로 기록, 「신간회경성지회 회관에 관한 건」〈京鍾警高秘 第3009號〉*
청진동 신간회경성지회는 18일 안국동 55번지로 이전하였다는 기사는 관련 자료를 검토해 보면 안국동
155번지의 오류로 보인다. 《동아일보》 1930.9.19

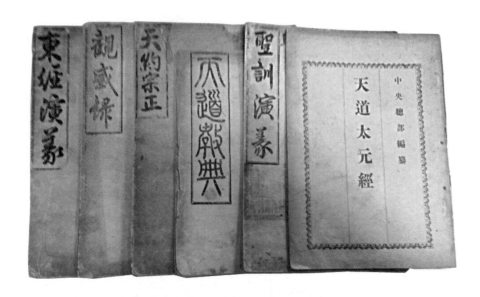

보문사에서 출판한 천도교 교서들

23. 보문사(普文社)

———

서울특별시 종로구 안국동 150번지 부근

안현(安峴, 小安洞) 현재 안국동 150번지 부근 자리에 1907년 11월 학부(學部) 서기관 민건식(閔健植)과 탁지부(度支部) 서기관 최석창(崔錫彰)이 천도교주 의암성사(孫秉熙)가 모은 자금으로 보문사를 설립하였다. 천도교는 이곳에서 『동경대전(東經大全)』『동경연의(東經演義)』『삼수요지(三壽要旨)』『성훈연의(聖訓演義)』『천약종정(天約宗正)』『관감록(觀感錄)』『대종정의(大宗正義)』『천도교전(天道敎典)』『천도교문(天道敎門)』『현기문답(玄機問答)』『천도태원경(天道太元經)』『도경(道經)』 등의 교회 서적을 출간하였다. 그런데 보문사(普文社)에서 출판한 서적 56,000부의 인쇄비 5,070여 환을 수개월 동안 청산하지 않아 1908년 5월 보문사 사장 최석창이 의암성사를 상대로 소송을 제기하는 문제가 발생하여 의암성사·총무 한영호(韓榮浩)와 사장 최석창(崔錫彰) 간에 수차에 걸쳐 재판을 하기도 하였다.*

———

* 《황성신문》 1908.6.30/1908.5.21/1908.6.30

24. 조선농민사 인쇄부

서울특별시 종로구 돈화문로 36 (묘동 68-3 = 수은동)

종로구 묘동 68-3은 1926년 5월 조선농민사에서 해영사(海英舍)를 매수하여 조선농민사 인쇄부를 설치하였던 자리로 1911년 4월 1일부터 1936년 4월 1일까지 사용했다.

조선농민사는 1925년 10월 29일 천도교청년당에서 이성환(李晟煥)·선우전·이창휘·박찬희·김준연·유광렬·최두선 등과 함께 설립한 농민운동단체이다. 1930년 4월 6일 제3차 전국대회에서 청년당 측의 법적관계 3개 조항이 통과되자 이성환 등 비천도교청년당 측에서 탈퇴하여 전조선농민사를 설립하면서 분열되었다. 그 뒤 조선농민사는 천도교청년당 산하 농민운동 단체의 성격을 띠게 되었으나 1932년 일제의 농촌진흥운동이 본격화되면서 지방 조직이 파괴되어 점차 쇠퇴해서 1936년에 해체되었다.

1925년 12월 창간한 『조선농민』은 수은동 68번지 해영사(海英舍)에서 인쇄하였지만, 1926년 5월부터는 자사에 설치한 인쇄부를 사용하였다.* 그리고 1930년 5

---

* 국사편찬위원회 한국사데이터베이스 『원호처 독립운동사』 10, p430.

『농민』과 『조선농민』 표지

월 발행한 『농민(農民)』은 서대문2정목 139번지에서 1931년 7월에는 수송동 27번
지 조광(鮮光)인쇄주식회사에서 각각 인쇄하였다. 그리고 조선농민사는 『조선농민』
(1925.12~1930.4), 『농민』(1930.5~1933.12) 외에도 『농민독본』『한글독본』『대중산술』『비료
제조 및 사용법』『대중독본』등을 발행하였다.

25. 중성사 인쇄부

서울특별시 종로구 인사동10길 17 (관훈동 30-1)

종로구 관훈동 30-1은 1929년 3월 7일 천도교중앙총부가 있는 경운동 88번지에서 처음 발행한『중성(衆聲)』의 중성사 인쇄부가 1929년 11월에 설치된 곳이다. 관훈동 30번지는 현재 경인미술관이 있는 지번으로 이 부근에 인쇄소가 있었던 것으로 추측된다.

1929년 중성사(衆聲社, 사장 이종린)에서는『중성』을 발행하였다. 중성동인(衆聲同人)은 이종린(李鍾麟)·홍명희(洪命熹)·안재홍(安在鴻)·이인(李仁)·이관용(李灌鎔)·김종선(金鍾善)·김용기(金容起)·오희병(吳熙秉)·박창서(朴彰緖)·김병동(金秉東)·한용순(韓龍淳)·오상준(吳尙俊)·문재규(文在珪)·김형원(金炯元) 등으로 대부분 천도교와 신간회에서 활동하던 인물들이다. 그리고 천도교청년동맹 소년부에서는 소년잡지『새벗』을 이곳에서 인쇄하였다. 1929년 12월 광주학생사건으로 인한 신간회 민중대회에서 살포할 안재홍이 쓴 선전문과 삐라 등을 이종린이 경영하는 중성사 인쇄소에 맡기고 영업국장 김무삼(金武森)이 책임을 맡았기 때문에 일제의 감시가 삼엄하였다.*『천도교회월보』1929년

위 / 중성사 인쇄부가 있던 자리

아래 / 『중성』 창간호

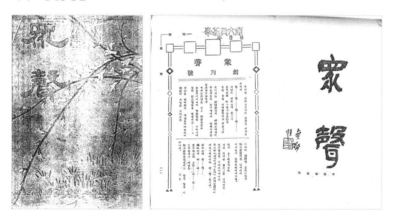

11월(227호)부터 1930년 6월(234호)까지는 중성사 인쇄부에서 인쇄하기도 하였다.

도의 '중성사 인쇄부'를 두고 金武森(金東駿)이 영업국장이었다《동아일보》 1929.11.7/중성사 인쇄부 설치.
《동아일보》 1931.5.18(2) / 민중대회사건 판결문 전문.

위 / 건국대학교 구 서북학회회관
아래 / 서북학회 터 표석

26. 서북학회, 보성전문학교

서울특별시 종로구 삼일대로 437 (낙원동 280-4 건국빌딩)

현재는 낙원동의 건국주차장으로 종로떡집이 있는 자리이다. 1907년 11월에는 평안도·황해도 등 관서 지역 출신 지식인을 중심으로 1906년 10월에 서울에서 조직되었던 서우학회(西友學會), 1908년 1월에는 서북·관서·해서 지방 출신자들이 조직한 서북학회관(西北學會館), 1908년 11월 3일에는 서우학회(西友學會)가 운영하던 서우사범학교(西友師範學校)와 한북흥학회(漢北興學會)가 운영하던 한북의숙(漢北義塾)이 통합되어 설립한 서북협성학교(서북 오성학교)가 경성부 낙원동 282번지에 교사를 신축하였다.

그리고 1918년 9월부터 1922년 9월까지는 전동에 있던 천도교가 운영하던 보성전문학교가 송현동 신축 교사로 이전할 때까지 임시로 세 들어 있었다. 그 후 협성학교(1922~1939), 광신상업학교(1939, 박흥식)를 거쳐 1943년에는 상허 유석창이 소유자가 되었고 해방 후 조선정치학관(건국대학교 전신)이 입주해 있었다.

수운회관에서 내려다본 운현궁 전경

1. 운현궁(雲峴宮)

서울특별시 종로구 삼일대로 464 (운니동 114-10)

천도교중앙총부 정문 건너에 있는 운현궁(雲峴宮)은 홍선대원군의 사저로 고종이 출생하고 자란 곳이기도 하다. 고종은 후사가 없던 철종의 뒤를 이어 12살에 26대 왕이 되었으나 고종을 대신하여 대원군이 섭정하게 되었다. 고종이 즉위하면서 '궁'이라는 이름을 받은 이곳은 점차 규모를 확장하였으며 대원군은 고종이 머물던 창덕궁과 왕래하기 위해 운현궁과 창덕궁 사이에 전용문을 만들었다고 한다.

입구로 들어서면 이 집을 지키던 사람들이 머물던 수직사가 오른편에 있고 그곳을 지나면 대원군이 머물렀던 사랑채 노안당이 있다. 노안당 편액은 추사 김정희의 글자를 집자해서 만들었다고 하며, 처마를 이중으로 두르고 있는 보첨은 이 건물의 특

운현궁 양관

운현궁 출입문

색이다. 옆으로 이어지는 노락당은 운현궁의 중심으로 고종이 명성황후 민씨와 가
례를 올린 곳이다.

안쪽으로 더 들어가면 안채로 쓰였던 이로당이 있는데, 대원군 부인 민씨가 살림
을 하던 곳이다. 밖에서 보면 사방이 개방되어 있는 듯 보이나 계단을 올라가 들여다
보면 가운데 중정이라는 'ㅁ'자 형의 작은 마당이 마루로 둘러싸여 있어 폐쇄적인 구
조로 된 안채라는 것을 알 수 있다.

현재 이로당 앞에 있는 작은 기념관에는 대원군이 주장했던 쇄국정책을 알리는 척
화비와 고종과 명성황후의 가례 등의 모습이 모형으로 전시되어 있다. 그리고 운현
궁 동쪽 덕성여자대학교 평생교육원 경내에는 1910년경에 대원군의 손자 이준용이
지은 양관이 남아 있다.[*]

---

* 출처-『죽기 전에 꼭 가 봐야 할 국내 여행 1001』 최정규, 박성원, 정민용, 박정현, 2010.1.15, 마로니에북스

2. 광혜원(제중원), 헌법재판소

서울특별시 종로구 북촌로 15 (재동 83)

현재 헌법재판소가 있는 자리는 한말 외아문(外衙門)이 있던 곳이며, 헌법재판소 서북쪽의 백송이 있는 자리는 박규수의 집터로 옆에는 개화파 홍영식의 집이 있었다. 갑신정변 때 홍영식이 참살되고 집은 정부에 압류되었는데, 1885년 알렌이 그 자리에 우리나라 최초의 서양식 병원인 광혜원(제중원)을 개원했다. 그 후 그 자리에는 1910년 한성고등여학교, 1911년 경성여자고등보통학교가 있었고, 1913년에 경성여

광혜원, 경기여고, 창덕여고 등이 있던 곳에 현재 헌법재판소가 자리하고 있다.

자고등보통학교가 한성외국어학교(종로경찰서) 자리로 이전하고 이곳에는 경기여고보 부속 보통학교가 들어섰다. 1922년에는 경기여고가 들어섰는데, 광복 후에 경기여고가 정동으로 이전하고, 1949년부터 1989년까지 창덕여고가 있었고, 1993년에 헌법재판소가 들어섰다.

헌법재판소 일대에는 개화파 산실인 박규수(연암 박지원의 손자)의 재동 집을 중심으로 한 권역에 김옥균(화동 정독도서관)·박영효(경운동)·서광범(덕성여고 경내 남쪽)·홍영식 등의 개화파 주역들이 살았다. 이후 1910년대 말부터 재동 68번지에 최린이 살았으며, 신간회 회장 이상재가 1922년 말부터 1927년 3월 환원할 때까지 이곳에 세 들어 살았다.

박규수의 집이 있던 헌법재판소 서북쪽의 백송나무

3. 안동별궁(安洞別宮)

서울특별시 종로구 율곡로 3길 4 (안국동)

　　현재 안국동 풍문여고 경내에 표석이 세워져 있는 안동별궁(安洞別宮)은 조선의 역대 왕실의 저택으로 사용되고 1882년 2월에 마지막 황제인 순종의 가례가 이루어진 곳이다. 1881년(고종 18)에 지은 별궁으로 한성부 북부 안국방(安國坊)의 소안동(小安洞)에 있다고 하여 안동별궁 또는 안국방 별궁이라고 부르기도 하였다.

　　1899년부터는 『미국독립사』『파란말년전사』『법국혁신전사』 등 신간서의 판매처

풍문여고 경내에 위치한 안동별궁 터(표석)

풍문여고 정문 옆에 위치한 안동별궁 터 표석

역할도 하였다. 그 후 부지가 개인에게 판매되면서 학교와 주택 등이 들어서게 되었다.

4. 감고당(感古堂) 터

서울특별시 종로구 율곡로3길 50 (안국동)

덕성여고 정문 앞 감고당 터 표석

본래 한성부 안국방 37번지(안국동 37)로 현재 덕성여자고등학교 자리이다. 조선시대 제19대 숙종이 인현왕후(仁顯王后)의 친정을 위하여 지어 준 집이다. 인현왕후의 부친인 민유중(閔維重)이 살았으며, 인현왕후가 폐위된 후 이곳에서 거처하였다. 이후 대대로 민씨가 살았으며, 1866년(고종 3) 이곳에서 명성황후가 왕비로 책봉되었는데 왕비가 된 명성황후는 과거 인현왕후의 일을 회상하여 '감고당(感古堂)'이란 이름을 붙였다. 본래 서울 안국동 덕성여고 본관 서쪽에 있던 것을 도봉구 쌍문동 덕성여자대학교 학원장 공관으로 옮겼다가, 이후 여주군의 명성황후 유적 성역화 사업에 따라 경기도 여주군 명성황후의 생가 옆으로 이전·복원되었다.

안동의원 터. 현재 한국걸스카우트회관이 자리하고 있다.

5. 안동의원(安洞醫院)

서을특별시 율곡로 47 (안국동)

안동의원(安東醫院)은 현재 율곡로 종로경찰서 길 건너에 있는 한국걸스카우트회관 자리에 있었다. 1935년경부터 춘암상사의 단골 병원으로 천도교인들이 많이 이용하였다. 원장 임명재(任明宰)는 경성의전 출신으로 1927년 조선총독부 내과에서 근무하고 1928년에 경성의전 조교수를 거쳐 1929년 북해도대학에서 박사학위를 받고 1931년 7월부터 오인석과 함께 안동의원을 개설하였다.

광복 후에는 서울의대 교수를 지냈으며 대한감염학회를 창립하여 초대 회장을 역임하였다.

정독도서관 입구에 자리하고 있는 여러 표석들.
왼쪽부터 화기도감 터 / 성삼문 선생 살던 곳 / 중등교육발상지 표석

6. 기호학교, 한성중학교, 동아일보사

서울특별시 종로구 북촌로5길 48 (화동 2, 정독도서관)

화동 106번지 정독도서관 자리에는 김옥균의 집이 있었으며 정독도서관 구내 동남쪽에는 1900년 10월 고종 황제의 칙령에 의해 개교한 우리나라 최초의 관립한성중학교(경기고등학교)*가 있었다. 1981년부터 종친부(宗親府)가 자리하고 있다가 2013년 국립현대미술관 서울관으로 이전했다. 그리고 정독도서관 입구 쪽 화동 23번지에는 사육신의 한 분인 성삼문(1418~1456)이 살았다.

그리고 화동 2번지 화기도감(火氣都監) 터. 1592년 임진왜란 때 왜군이 조총(鳥銃)을 사용하여 아군이 크게 고전하였으므로 이에 대항하기 위하여 조총청(鳥銃廳)을 만들어 총포를 제작하였고, 그 후 북쪽의 여진(女眞)을 방어하기 위하여 1614년(광해군 6) 7월 조총청이 화기도감으로 개칭되었고, 1904년 행정제도 개편에 따라 군기창(軍器廠)으로 개칭되었다.

정독도서관 정문 건너편 화동 138번지에는 1908년 6월 교원양성과 중등교육을 위해 설립한 기호학교가 같은 해 12월부터 있었다. 1910년 9월 흥사단에서 설립한 융

---

* 1900년 10월 3일 관립중학교로 개교, 1906년 9월 1일 관립한성고등학교로 교명을 바꾸었고, 1911년 11월 경성고등보통학교, 1921년 4월 경성제일고등보통학교, 1938년 4월 경기공립중학교, 1951년 8월 31일 경기중학교와 경기고등학교로 분리되었다. 『두산백과』

희학교와 합병하고 중앙학교로 개칭하였다. 1915년 김성수가 인수하여 1917년 교사를 계동 1번지 신축 교사로 옮긴 후 1920년 4월 동아일보사의 창간 사옥으로 사용하였고, 1926년 동아일보사가 광화문 신축 사옥으로 이전하면서 중외일보사가 창간사옥으로 사용하였다. 1910년 한일합방 후에 많은 기호학회 회원들이 천도교에 입교하였다.

안국동 로터리 일대는 경성제일고보(화동 106)를 비롯하여 중앙고보(계동 1, 현대건설 사옥), 중동학교(수송동 85, 연합뉴스빌딩), 경성여고(재동 83, 헌법재판소), 숙명여고(수송동 80, 재보험빌딩), 동덕여고보(관훈동 151, 동덕빌딩), 근화학교(안국동 37, 덕성여고), 보성전문학교(송현동 34, 덕성여중) 등의 학교가 밀집되어 있어 등하교시간에는 학생들이 길을 메워 '안국동육거리'라고 하였다.

경기고등학교가 있던 자리. 현재는 정독도서관으로 사용되고 있다.

7. 규장각(奎章閣) 터

서울특별시 종로구 삼청로 30 (소격동 165)

　　경복궁 국립민속박물관 정문 맞은편 도로변에 규장각 터 표석이 있다. 왕실도서 보관 및 출판과 정치자문 등을 담당하던 국가기관으로 조선 초기인 세조 때 잠깐 설치되었으나 곧 폐지되었다. 1694년(숙종 20) 역대 국왕의 글씨와 작품을 보관하기 위하여 규장각의 설치를 다시 시도하여 1776년(정조 1) 비로소 대궐 안에 설치하고, 역대 왕들의 친필·서화·고명(顧命)·유교(遺敎)·선보(璿譜) 등을 관리하도록 하였다. 1894년

1897년 규장각 모습

규장각 터 표석

(고종 31) 갑오경장 때 궁내부에 소속되었고, 이듬해 규장원으로 변경되었다가, 1897
년에 규장각으로 환원되었다. 1908년에 근대적 직제로 개편되었으나 1910년에 폐지
되었고, 소장 도서는 이왕직도서관에 보관하였다. 이후 1911년에 조선총독부 취조
국, 1912년에 학무국, 경성제국대학 도서관으로 소장 도서를 이관하였다가, 1989년
에 이르러 서울대학교 안에 독립 건물을 마련하여 옮겼다.*

* 출처 : 문화콘텐스닷컴(문화원형백과 서울문화재 기념표석들의 스토리텔링 개발 2010. 한국콘텐츠진흥원

8. 중앙학교

서울특별시 종로구 창덕궁길 164 (계동)

　계동 1번지에는 중앙고등보통학교가 있었다. 중앙학교 정문을 올라가 교정에 들어서면 중앙에 1915년 경성사립중앙학교의 채무 1,900엔을 지불하고 이 학교의 경영을 인수한 인촌(仁村) 김성수(金性洙) 동상이 서 있고, 동쪽에는 1919년 1월 동경유학생 송계백이 2·8선언문 초안을 현상윤과 송진우에게 전달하고 유학생들의 거사 계획을 알린 〈3·1운동책원지비〉가 세워져 있다. 서쪽으로는 1926년 6월 중앙고보생들

중앙학교 정문

위 / 중앙학교 경내의 3·1운동 책원지비
아래 / 중앙학교 경내의 노백린 장군 집터 표석

중앙학교 경내의 6·10만세기념비

이 격문 3만 매를 인쇄하여 각급 학교에 배부하고 융희황제 인산일인 6월 10일 대여가 단성사 앞 대로를 통과하자 이선호의 선창으로 수십 명이 대한독립만세를 절규하며 격문 1,000매를 군중에게 살포하고 태극기를 나눠 주었다. 이 시위로 100여 명이 부상당하고 200여 명의 학생과 주민이 체포되었다는 6·10만세기념비를 1983년 6월 10일 동아일보사와 중앙고등학교 교우회에서 건립하였다.

뒤편 구 교사의 교정 중앙에는 김성수의 백부이며 양부인 원파 김기중의 동상이 서 있다. 김기중은 1908년 향리 줄포(茁蒲)에 영신학교(永新學校)를 설립하였고, 1915년에 경영난에 빠진 중앙학교(中央學校)를 인수하여 김성수의 생부인 김경중(金曔中)과 함께 설립자가 되었다.

교정 동쪽 끝에는 1875년 황해도 송화군 출신으로 대한민국임시정부 참모총장을 지낸 계원(桂園) 노백린(盧伯麟) 집터 표석이 있다.

3·1 운동 유적지 : 유심사 터
(三·一運動 遺蹟地) (惟心社址)

3·1 운동 당시 불교 잡지 「유심」을
발행하던 출판사가 있던 곳. 만해(萬海)
한용운(韓龍雲, 1879~1944) 이 이곳에서
불교계의 3·1운동 참여를 주도하였다.

계동길 유심사가 있던 자리. 대문 위에 '만해당'이라는 현판이 걸려 있다.

9. 한용운 집터, 석정보름우물터, 김성수 집터

서울특별시 종로구 계동길 103-2 (계동 62-2) 외

중앙학교 정문에서 100m쯤 아래에 석정보름우물터가 있다. 그리고 100m쯤 더 내려가면 계동 43번지(계동길 92-3)에 한용운이 1918년 9월에서 12월까지 『유심』을 발행하던 유심사(惟心社)가 있던 자리에 30평 남짓한 한옥이 있다. 대문 위에는 '만해당'이라는 현판이 걸려 있고, 집 외벽에 '3·1운동 유적지, 유심사 터'라는 안내문이 붙어 있다. 이곳에서 50m쯤 더 내려가 대동세무고등학교 골목길을 들어서면 오른쪽 계동길 84-6(계동 132-1)에 김성수의 집터(仁村先生古居)가 있다.

『유심』

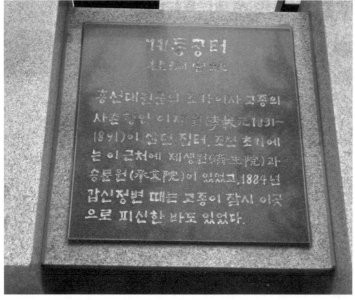

위 / 제생원 터 표석
아래 / 계동궁 터 표석

10. 제생원, 관상감관천대, 계동궁 등

서울특별시 종로구 율곡로 75 (계동 140-2) 외

휘문학교 터에 자리 잡은 현대사옥 서남쪽에는 조선 시대 초기에 빈민과 행려의 치료와 미아(迷兒)의 보호를 맡아 보았던 의료 기관으로 세조 때 혜민국(惠民局)과 합병된 제생원(濟生院)의 표석이 있으며, 동쪽 사옥 앞에는 보물 제1740호로 지정된 조선 시대 초기 북부 광화방의 관상감관천대가 1984년에 복원되어 있다.

남쪽 율곡로 길가에는 대원군의 조카이며 고종 때 대신을 지낸 이재원(李載元)의 집이었던 계동궁 터 표석이 있다.

그리고 창덕궁 앞 건널목 도로변에는 1926년 4월 28일 순종의 승하에 울분하여 금호문(金虎門) 앞에서 조선총독을 살해하려 했던 터의 표석이 있다.

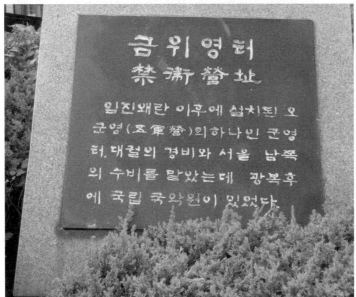

위/ 비변사 터 표석
아래/ 금위영 터 표석

11. 금위영 터, 비변사 터

서울특별시 종로구 율곡로 88 (운니동 98-5 삼환빌딩) 외

창덕궁 앞에서 종로3가에 이르는 돈화문길 돈화문 맞은편 도로변에 조선 시대에 외적의 방어와 국가최고정책을 논의하던 관아로 중종 때 창설되어 흥선대원군에 의해 폐지된 비변사(備邊司) 터 표석이 있고, 율곡로 88(운니동 98-5) 삼환빌딩(매일유업) 앞에는 금위영(禁衛營) 터 표석이 있다.

돈화문

통례원터 通禮院址

통례원은 조정의 의례와 하례, 제사와 의식 때 안내를 맡아보던 관청이다. 태조 원년(1392)에 각문(閣門)이라 하였다가 곧 통례문이라 고쳐 불렀고, 1414년에 통례원으로 다시 고쳐서 유지하다가 1896년에 폐지하였다. 통례원은 조선왕조의 정통성을 지키는 데 크게 기여한 것으로 알려져 있다.

Site of Tongnyewon Office

Tongnyewon was the government office responsible for managing various ceremonies in the court, including memorial rites.

종부시터
宗薄寺址

조선시대 왕실의 족보를 편
찬하고 종실을 관리하던 관
宗室
청인 종부시가 있었던 자리
宗薄寺

위 / 통례원 터 표석
아래 / 종부시 터 표석

12. 통례원 터, 종부시 터

통례원 터: 서울특별시 종로구 돈화문로 93 (와룡동 136) 외

통례원(종로구 돈화문로 93, 와룡동 136)은 조정의 의례와 하례, 제사와 의식 때 안내를 맡아 보던 관청이다. 태조 원년(1392)에 각문(閣門)이라 하였다가 곧 통례문이라 고쳐 불렀고, 1414년에 통례원으로 다시 고쳐서 유지하다가 1896년에 폐지하였다.

국민은행 돈화문지점 앞에는 조선 시대 정3품아문(正三品衙門)으로 왕실(宗室)의 족보를 편찬하고 종실의 비위를 규찰하던 종부시(宗簿寺) 터(종로구 돈화문로 89, 와룡동 139)가 있다. 1392년(태조 1)에 설치하여 전중시(殿中寺)라고 하였다가, 1401년(태종 1)에 종부시(宗簿寺)로 개칭하였고, 1864년(고종 1)에 종친부(宗親府)에 병합하였다.

대각사 정문

용성 스님 거주터 표석

13. 박용성 거주터, 대각사(大覺寺)

서울특별시 종로구 율곡로10길 87 (봉익동 2)

    율곡로10길 87(봉익동 2), 돈화문과 지하철 종로3가역 중간 종묘 쪽에는 1911년에 박용성이 세운 대각회(大覺會)의 사찰인 대각사가 있으며 정문 앞에는 민족 대표 33인 중 1인으로 불교 혁신운동을 펼친 용성 스님 박용성(朴龍城, 1864~1940) 거주 터 표석이 세워져 있다.

    1928년 일반인을 대상으로 한 대각일요학교가 설립되었고, 이듬해에는 선회(禪會)가 개설되기도 하였다. 1930년에는 대각성전(大覺聖殿)과 요사를 새로 지었다. 1939년 조선불교 선종 총림, 1944년에는 다시 경성포교당 대각선원 등으로 이름이 바뀌었으며, 일제의 탄압으로 수난을 겪다가 결국 폐지되었다. 하지만 폐지 이후에도 대각사와 만주 간도(間島)포교당을 중심으로 대각교운동은 꾸준히 전개되었다.

    1969년 동헌(東軒) 완규(完圭) 대선사를 비롯한 용성 스님의 제자들이 대각교 창립 정신을 기리고자 재단법인 대각회를 설립하고 대각사를 건축하였으며, 1986년 대각사 경내에 있던 건물을 모두 철거하고 지하1층 지상3층 총건축면적 1,322.32m²의 건물을 신축하였다.

위 / 지석영 집터 표석
아래 / 조광조 집터 표석

14. 지석영·조광조 집터

서울특별시 종로구 삼일대로 446 (경운동 18) 외

교동초등학교 앞 도로변에는 우리나라에서 1879년 처음으로 종두법을 시술하였고 1908년 국문연구소 위원으로『자전석요(字典釋要)』를 간행하여 국문학에 공적을 남긴 송촌(松村) 지석영(池錫泳, 1855~1935)의 집터(서울시 종로구 삼일대로 446-22, 낙원동 17)가 있으며, 조선 시대 중종 때 대사헌을 지낸 정암(靜庵) 조광조(趙光祖, 1482~1519)가 살던 한양골(돈의동)의 집터(서울시 종로구 경운동 18) 표석이 삼일대로 가운데 도로공원에 있다.

지석영은 본관이 충주(忠州), 자는 공윤(公胤), 호는 송촌(松村)으로 1855년 서울 낙원동 중인 집안에서 태어났으며, 우리나라 최초로 종두법(種痘法, 천연두 예방법)을 보급하였다. 1883년 문과에 등제하여 성균관 전적과 사헌부 지평을 역임하였고, 1899년 의학교가 설치되자 초대 교장으로 임명되었고, 1907년 의학교가 폐지되고 대한의원의육부(大韓醫院醫育部)로 개편되면서 학감을 역임하였다. 1905년 주시경과 더불어 한글의 가로쓰기를 주장한 선구자로, 1908년 국문연구소 위원에 임명되었고, 이듬해 한글로 한자를 해석한『자전석요(字典釋要)』를 지어 낸 국어학자이기도 하다.

조광조는 본관이 한양(漢陽), 자는 효직(孝直), 호는 정암(靜菴)으로 한성 출생이다. 개국공신 조온(趙溫)의 5대손이며 조육(趙育)의 증손으로, 할아버지는 조충손(趙衷孫)이고, 아버지는 감찰 조원강(趙元綱)이다. 중종 때 사림의 지지를 바탕으로 도학 정치를 실현하기 위해 적극적으로 활동했다. 천거를 통해 인재를 등용하는 현량과를 주장

하여 사림 28명을 선발했으며, 중종을 왕위에 오르게 한 공신들의 공을 삭제하는 위
훈삭제 등 개혁정치를 서둘러 단행하였으나 3일 후 기묘사화가 일어나 능주로 귀양
갔다가 한 달 만에 사사되었다.

삼일대로 낙원동 부근

위 / 교동초등학교 옛 교사
아래 / 현재의 교동초등학교 교사

1. 교동초등학교

서울특별시 종로구 삼일대로 446 (경운동 2)

천도교중앙총부 정문 앞길 건너에 있는 교동초등학교는 1894년 9월 18일 관립교동왕실학교로 개교하였으며, 1895년 「소학교령」의 반포와 한성사범학교 설립에 따라 한성사범학교부속소학교로 개편되면서 우리나라 초등교육의 요람이 되었다. 1906년 9월 1일 관립교동소학교로 개칭하였다가, 1910년 4월 1일 교동공립보통학교로 다시 개칭하였다. 광복 후 1947년 9월 18일 서울교동국민학교로 다시 개칭하였다. 천도교에서는 이 학교 운동장을 빌려 축구 대회와 같은 운동경기를 하였다.

교동초등학교 정문에 있는 관립교동소학교 표석

천도교중앙대교당 남쪽에 자리하고 있는 민가다헌

2. 민가다헌 민병옥(閔丙玉) 가옥

서울특별시 종로구 인사동10길 23-9 (경운동 66-7)

　민가다헌(閔家茶軒)은 천도교중앙대교당 앞 남쪽 은행나무 아래에 있는 한옥으로 순조비 순원왕후의 동생인 세도가 김좌근의 집터였다.

　이곳에 1930년 한말 세도가 여흥 민씨 민영휘의 아들 민대식(閔大植)이 집을 지었는데 화신백화점을 설계한 건축가 박길룡이 전통 한옥과 근대건축 개념을 조화시켜 지은 집이다.

　현재는 민가다헌(閔家茶軒)이란 이름의 식당으로 지붕과 담장을 보면 전통적 양반집 한옥으로 보이지만, 실내 구조는 응접실과 복도가 서양식으로 되어 있으며, 넓지 않은 마당에서는 종종 결혼식을 하는 것을 볼 수 있다. 가을이 되면 민가다헌 쪽으로 뻗은 은행나무 가지에서 은행들이 화단에 떨어져 한옥이 천도교 소유라고 착각하는 사람들이 많이 있다.

3. 조선건국동맹, 가톨릭의과대학 터

서울특별시 종로구 삼일대로 461 (경운동 89-4)

조선건국동맹 표석

이곳은 1944년 8월 10일 조국의 광복을 위한 투쟁을 전개하고자 민족주의자들과 사회주의자들이 중심이 되어 여운형, 조동호, 현우현, 황운, 이석구, 김진우 등이 조직한 조선건국동맹 및 산하조직인 조선농민동맹이 있었던 자리이기도 하다.

그 후 이곳에는 공무원교육원, 가톨릭의과대학, 고합(주) 등이 자리하였다가 현재는 SK허브가 들어서 있다.

4. 한말 일본공사관 터

서울특별시 종로구 삼일대로 467 (경운동 90-3)

현재 서울노인복지센터가 있는 자리로 1884년 갑신정변 당시 일본공사관이 있었던 곳이다. 김옥균·김윤식·김홍집 등이 우정국 개국연회에서 거사를 한 후 고종이 있는 창덕궁으로 가기 전에 일본 측의 지원을 확인하기 위해 찾았던 곳이며, 또한 정변 실패 후에는 일본 망명을 위해 피신했던 곳이다.

한말 일본공사관 터에는 현재 서울노인복지센터가 자리하고 있다.

현재 율곡로에 자리하고 있는 종로경찰서

보국안민 발길로 서울을 걷다

5. 관립외국어학교, 경성여고보교, 종로경찰서

서울특별시 종로구 율곡로 46 (경운동 90-18)

관립외국어학교는 1895년 「외국어학교령」에 의해 설치된 학교로, 1907년 통감부 방침에 따라 외국어별로 분립되어 있던 여러 관립외국어학교들이 관립한성외국어학교로 통합되었다가, 1911년 9월에 조선교육령이 공포되면서 폐지되었다.

1913년부터 1922년까지 경성여고보(경기여고)가 이 자리에 있었다.

그 후 1929년부터 공평동에 있었던 종로경찰서가 1957년에 이곳으로 이전하여 현재에 이르고 있다.

정우회 터. 현재는 SK네트웍스 재동주유소가 들어서 있다.

6. 정우회회관, 조선물산장려회, 고려발명협회, 조선공학회

서울특별시 종로구 율곡로 58 (경운동 96-18)

서울노인복지센터 옆 지하철 안국역 5번 출구 근처 SK네트웍스 재동주유소 자리에 윤용구(尹用求)*의 300칸이 되는 저택(명녀궁)이 있었다.

이 자리에 1926년 4월 14일 사회주의단체인 화요회·북풍회·조선노동당·무산자동맹회 등이 해체하고 결성한 단체인 정우회(政友會)가 있었다. 그리고 이곳은 조선물산장려회·고려발명협회·조선공학학회 등도 있었던 곳이다.

---

* 尹用求(1853~1939)는 尹宜善(純祖肅皇帝의 駙馬 南寧尉)의 아들로 1871년 文科 급제, 翰林, 待敎, 直閣, 玉堂, 舍人, 副提學, 直提學, 吏曹參議, 大司成, 都承旨 등을 거쳐 38세에 正卿으로 승진하여 禮曹判書, 吏曹判書 역임, 1895년 이후로 法部, 度支部, 內部 大臣에 임명되었으나 모두 固辭하였고 韓日併合 初에 男爵의 작위를 받았으나 이를 물리쳤다. 〈조선신사보감〉 국사편찬위원회 한국사데이타베이스

경인미술관의 현재 모습

7. 박영효 집터(경인미술관)

서울특별시 종로구 인사동10길 11-4 (관훈동 30-1)

경인미술관이 있는 집은 1872년 박영효(朴泳孝)가 철종의 딸 영혜 옹주와 결혼하여 정1품 금릉위에 봉해져 살던 집이다.

개화당 인사들이 모여 갑신정변을 모의했던 곳으로 당시 건물은 남산골 한옥마을에서 이전하여 복원하였다. 1983년 12월에 개관한 경인미술관은 대지 500평으로 6개의 전시실이 있으며 전통 찻집(다원)이 있어 인사동을 찾는 국내외 관광객들의 명소로도 널리 알려져 있다. 1970년까지는 천도교 대교당 앞 은행나무 아래에서 경인미술관으로 통행이 가능한 쪽문이 있었으나 현재는 폐쇄되었다.

가을이 되면 노란 은행나무 잎과 은행알들이 미술관 지붕으로 떨어져 아름다운 풍치를 이룬다.

1924년 조선물산장려회관이 있던 경운미술관 앞 모습

8. 조선물산장려회관 터

서울특별시 종로구 인사동10길 13 (관훈동 30-9)

1923년 1월 20일 창립한 조선물산장려회는 견지동 80번지의 조선청년연합회 회관을 임시로 빌려 사용하다가, 8월에 민영휘의 기부로 마련한 2층 양옥건물로 이전하여 1924년 12월까지 1년 4개월간 있었는데, 경인미술관 앞 청아빌딩 자리가 바로 그곳이다.

조선물산장려회관은 1924년 12월에 견지동 80번지 시천교 소유의 6평짜리 목조 2층 1칸을 빌려 사용하였고, 1925년 10월 16일에는 경성방직으로부터 무상으로 제공받은 황금정1정목 143번지 2층 양옥건물, 1927년 11월 경운동 96번지, 1929년 8월에 관훈동 97번지, 1929년 11월에는 익선동 166번지로 전전하였다. 그리고 1931년 9월에는 정세권(鄭世權)의 장산사(奬産社)에서 신축한 낙원동 300번지 신축 회관에 입주하였으나 1932년 장산사가 단절을 선언한 이후 쇠퇴기에 접어들어 1940년 해산당했다. 기관지로 『산업계(産業界)』(1923.12), 『자활(自活)』(1927.7), 『조선물산장려회보(朝鮮物産奬勵會報)』(1929) 『장산(奬産)』(1931) 등을 발행하였다.

견지동의 옛 사동궁의 모습

9. 사동궁(寺洞宮) 터(이강 공 집터)

서울특별시 종로구 인사동11길 19 (견지동 85-18)

　　현재 인사동홍보관과 서인사 마당 공영주차장이 있는 자리는 대한제국 고종의 다섯째 아들인 의친왕(또는 義和君) 이강(李堈)이 살던 사동궁(寺洞宮)이 있던 자리이다. 사동궁에는 240평(7,880㎡)의 대지에 양옥 한 채와 한옥 수십 채가 있었다. 1910년 한일병합 후에 이강이 공(公)의 지위를 받으면서 사동궁은 '이강공저(李堈公邸)'로 불리었다. 이강은 1905년 미국 유학을 마치고 귀국하여 적십자사 총재가 되었다. 1910년경

인사동홍보관 서인사 마당 주차장

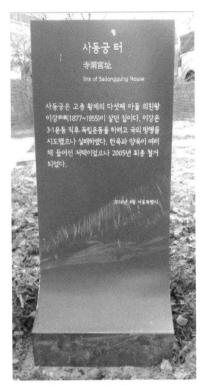

인사동홍보관 서인사 주차장에 세워져 있는 사동궁 터 표석

의암성사와 친교를 맺어 천도교에 입교하였고 한성교구의 『천민보록(天民寶錄)』에 수보되었다.

1919년 상해임시정부로 탈출을 시도하다가 11월 안동에서 일경에 발각, 강제로 송환되어 사동궁에 은거하였다. 그 후 장남 이건(李鍵)에게 세습하게 되면서 사동궁은 '이건공저'라고 불리었다. 한성기원이 자리를 잡지 못할 때 사동궁의 한옥 15칸을 기원으로 제공, 조선기원으로 명칭을 바꾸었다. 1947년에 민간에 불하되어 사동궁 건물의 일부가 1955년부터 '도원'이라는 요정으로 사용되었다. 2005년 종로구청이 토지와 건물을 매입하여 철거하였다.

그리고 사동궁 남쪽 SK건설 빌딩(인사동7길 32) 옆 골목에는 수령 400년의 회화나무가 있는데, 이곳은 조선 중기 학자이자 문신인 율곡(栗谷) 이이(李珥)가 살았던 집터이다.

SK건설 빌딩 앞 회화나무. 율곡 이이의 집이 있던 곳이다.

안국동 사거리에 있는 충훈부 터 표석

10. 충훈부(忠勳府) 터

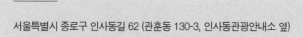

서울특별시 종로구 인사동길 62 (관훈동 130-3, 인사동관광안내소 옆)

조선 시대 중부 관인방에 있던 충훈부는 영조 때부터 고종 초기까지 있었으나, 갑오개혁 때 행정구역을 개편하면서 폐지되었다. 조선 시대 공신들에게 상을 내리고 공적을 보존하는 일을 맡아보던 관서로 맹부(盟府), 운대(雲臺)라고도 하였다.

1392년(태조 1) 8월에 설치되어 공신도감(功臣都監) 및 충훈사(忠勳司)로 불리다가 세조 때 사(司)를 부(府)로 승격시켰는데 개국공신에게 영작(榮爵)과 토지, 노비 등을 주었다. 1405년(태종 5)에는 이조에 소속시키고, 1414년 관제를 고쳐서 녹사(錄事)를 승(丞)으로, 부녹사(副錄事)를 녹사로 하고, 1417년 처음으로 유사를 두어 이보다 상위직으로 사(使)와 부사(副使)를 두었다. 1434년(세종 16)에 충훈사로 개칭하고, 대군과 부원군의 아문이기도 하므로 1466년(세조 12) 부마부의 예에 따라 충훈부로 승격시켰다. 1894년(고종 31)에 기공국(紀功局)으로 고쳐 의정부에 소속시켰다.

인사동에 있던 조선극장 터 표석

11. 조선극장 터

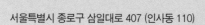
서울특별시 종로구 삼일대로 407 (인사동 110)

　　종로 쪽 인사동 입구 인사문화마당 자리에서 1922년 11월 6일 윤백남 감독의 2막의 연극 「짠발짠」으로 개관한 조선극장은 3층 벽돌 건물로 황원균(黃源均)이 신축하여 운영하였으나 실제 소유주는 동양생명보험회사 경성지점 지배인인 일본인 야자와 긴지로(矢澤近次郎)였다.

　　이곳에서 만파회(萬波會), 토월회(土月會), 민중극단(民衆劇團), 산유화회(山有花會), 극예술연구회(劇藝術研究會) 등 많은 극단과 단체들이 연극 공연을 하였다. 1923년 7월의 토월회의 창립 공연 「부활」은 큰 성공을 거두었다. 1927년 이후에는 운영자와 소유자가 거듭 바뀌는 등 곡절을 겪다가 1936년 6월 11일 방화로 인한 화재로 소실되고 말았다.*

---

* 《동아일보》 1922.11.6~11.10/ 1936.6.13/조선극장 화재, 방화로 판명

승동교회 전경

12. 승동교회

서울특별시 종로구 인사동길 7-1 (인사동 137)

종로2가 쪽 인사동길 입구에 있는 승동교회는 3·1독립운동 거사를 위해 학생 대표들이 모의하였던 곳이다. 승동교회는 1893년 미국 북장로회 선교사 무어(Moore, S. F.)와 16명의 교인이 승동(공단골)*에서 시작하여 현재의 이름이 붙여졌다. 백정들이 많이 출석하여 한때 백정교회라는 별명이 붙기도 하였다. 1905년 8월 현재 위치로 이전하였다. 일제 말 미국 선교사들이 운영하던 평양 장로회신학교가 신사참배 문제로 폐교되자, 승동교회에서 1939년 조선인에 의한

승동교회 입구

---

* 인사동·종로2가·공평동에 걸쳐 있던 마을로 조선 시대 중부 관인방에 속해 있었다. 『서울지명사전』, 2009.2.13, 서울특별시사편찬위원회

최초의 조선신학교(한국신학대학 전신)가 설립되었다. 2001년 4월 6일 서울특별시 유형
문화재 제130호로 지정되었다.*

승동교회 건물 앞에 세워진 3·1독립
운동 기념터 표석

---

* 〈한민족대백과사전〉

왼쪽 / 견지동 74-2번지 시천교당
아래 / 1954년 6월 6일 천도교 자재연원단 시
일식 기념사진

13. 시천교당, 서울청년회, 경성청년연합회, 사회주의자동맹

서울특별시 종로구 인사동11길 24 (견지동 74-2)

제칠일안식일 예수재림교 서울중앙교회가 있는 견지동 74-2번지는 1910년에 신축된 시천교당이 있었던 자리이다. 일제시대에는 사회단체의 집회 장소로 사용되었으며, 광복 후 1946년 2월부터는 당수도 청도관(靑濤館, 원장 李元國)이 사용하다가 1980년에 철거되었고, 1981년 9월 제칠일안식일 예수재림교 서울중앙교회가 들어서 오늘에 이르고 있다.

한편 시천교 소유의 2층 목조 건물(견지동 74-1번지)에는 1922년 조선청년연합회, 1923년 1월 조선물산장려회의 임시사무소, 1924년 4월 조선청년총동맹회

시천교당이 있던 곳. 현재는 제칠일안식일 예수재림교 서울중앙교회가 위치해 있다.

관, 12월 조선물산장려회관 등이 있었다. 1925년 6월에는 서울청년회(2층), 조선소년총연맹(2층), 경성청년연합회 등이 있었고, 1927년경에는 1925년 8월에 조직된 조선프롤레타리아예술가동맹(KAPF)이 이곳에 있었다.

우정총국 건물과 〈우정총국 중수 기념비〉

14. 우정총국, 전의감, 민영환 집, 도화서 터

서울특별시 종로구 우정국로 59 (견지동 39-7, 조계사 입구 북쪽)

이곳은 조선 시대 궁중에서 쓰이는 의약을 제조하고 약재를 재배하던 전의감(典醫監)이 있었던 자리이다. 1884년 양력 12월 4일(고종 21, 음 10. 17) 우리나라 최초의 우정기관인 우정총국(郵政總局)의 준공 축하연을 계기로 갑신정변(甲申政變)이 일어난 곳이다. 갑신정변 실패 후 이곳은 중국어학교의 교사로 사용되었다.

현재 우정총국 건물 앞 도로변에는 전의감 터와 1905년 일제에 의해 을사조약이 강제로 체결되자 이에 분격하여 자결한 충정공 민영환(閔泳煥)의 집터(견지동 38-2), 그리고 우리나라 전통 회화의 요람이자 중심으로 조선 시대에 그림에 관한 일을 담당하던 중부(中部) 견평방(堅平坊)의 도화서(圖畫署) 터의 표석 등이 있다.

15. 조선노동연맹, 조선노동총동맹회관 터

서울특별시 종로구 우정국로 38-13 (견지동 88)

이곳에는 1922년 10월 15일 조선노동공제회에서 이탈한 윤덕병(尹德炳) 등 사회주의자들이 사회주의혁명을 표방하면서 조직한 노동단체인 조선노동연맹회가 있었으며, 1924년 4월 화요계 계열의 노동연맹회를 주축으로 서울청년회 측의 조선노동대회를 끌어들여 1927년 9월 노동운동의 전국적 조직으로 출범한 조선노동총동맹회관이 있었던 곳이다.

현재 이문설농탕이 들어서 있다.

조선노동총동맹회관이 있던 곳.
현재는 이문설농탕이 들어서 있다.

16. 조선일보사, 조선중앙일보사 터

서울특별시 종로구 우정국로 38 (견지동 111)

1920년 3월 5일 대정실업친목회 기관지로 실업신문을 표방하며 《조선일보》를 창간한 조선일보사는 관철동 249번지에 위치해 있다가 1920년 4월 삼각정 71번지, 1921년 8월 수표정 43번지로 이전하였다. 그 후 견지동 111번지에 320평의 2층 벽돌조 목조 트러스 지붕의 건물을 1925년 10월에 착공하여 1926년 7월 8일 낙성한 후 1927년 7월 5일 이전하였다. 조선일보사는 1933년 4월 연건동 195번지 임시 사옥으로 옮겼다가[*] 1935년 7월 태평로 신사옥으로 이전하였다.[†]

조선중앙일보사가 1933년부터 1937년까지 이곳에 있었다. 광복 후에는 자유당 중앙당사로 사용하였고 1970년부터 농협 종로지점이 자리잡고 있다. 2002년에 서울특별시로부터 건물 전면 보존을 하도록 근대건축물로 지정되었다(서울특별시고시 제2002-7호).

1931년 9월 《중외일보(中外日報)》가 경영난으로 해산하자, 발행인 안희제(安熙濟)는 명의를 김찬성(金贊成)에게 넘기고 제호를 《중외일보(中央日報)》로 변경하고 견지동 60번지로 사옥을 이전한 후 노정일(盧正一)이 《중앙일보》의 허가를 얻어 1931년 11

---

* 《동아일보》 1933.12.22/조선일보 이전
† 《동아일보》 1933.12.22/조선일보 이전

월 25일 창간하였다. 1932년 5월부터 휴간하자, 최선익(崔善益)과 윤희중(尹希重)이 판권을 인수하여 1932년 10월 31일 속간하였다.[*] 그리고 1933년 3월 7일 자로《중앙일보》를《조선중앙일보》로 개제해서 1934년 11월 15일에 주식회사 발기총회를 개최하여 새롭게 출발하였다.[†] 그러나 1936년 8월 13일 자 신문에 베를린올림픽 마라톤 우승자 손기정 선수의 사진을 실으면서 가슴의 일장기를 지워 버린 이른바 일장기말살사건으로 9월 5일부터 무기정간을 당했으며《조선중앙일보》는 재정난이 악화되어 1937년 11월 5일 자로 폐간되었다. 자매지로 월간지『중앙』과『소년중앙』이 있었다.[‡]

농협 종로지점 앞의 조선중앙일보사 사옥 표석

* 《동아일보》1932.11.11
† 《동아일보》1934.4.4/중앙일보사 주식회사 발기
‡ 『한국근현대사사전』한국사사전편찬회, 2005.9.10, 가람기획

17. 수송공원

서울특별시 종로구 수송동 80-7

조계사 서쪽 길 건너에 있는 수송공원에는 2009년 12월에 서울특별시에서 세운 독립선언문과 조선독립신문을 인쇄한 보성사 터 표석, 2001년 8월 14일 옥파기념사업회에서 세운 이종일의 동상, 1999년 3월 1일 한국종교지도자협의회에서 건립한 보성사 터 기념 조형물 등이 있다.

그 밖에 1557년 13대 명종의 장남 순회세자가 일찍 세상을 떠나고 세자빈의 속궁이 된 용동궁이 원래 있던 경운궁(덕수궁) 부근에서 수송동 80번지(수송공원 옆 코리안리

1999년 3월 1일 3·1운동 80주년을 맞아 종교계와 문화관광부가 세운 보성사 터 기념 조형물

이종일 동상

재보험빌딩)로 옮겨진 후에 엄비의 소유가 되어 숙명여학교가 개교한 용동궁(龍洞宮) 터 표석, 1906년 5월 중서 전동 11통 6호(수송동 80)에서 개교한 숙명여학교 옛터 표석, 1906년 5월 수송동 85번지에서 개교한 중동학교 옛터 및 대한매일신보사옥 터 표석, 1949년 3월 개교한 경희대학교 전신인 신흥대학 터의 표석이 있다. 그리고 화가 안 중식(1861~1919)과 고희동(1886~1965)의 표석 등이 좁은 공간에 잡다하게 세워져 있다.

그리고 수송동 80번지 숙명여학교 옛터 자리에는 1910년 5월에 창건된 각황사(覺 皇寺)가 있었는데, 1915년 30본산 연합사무소를 설치하면서 불교행정의 중심지가 되 었다. 1922년에 연합사무소를 조선불교중앙교무원으로 개칭하였고, 1927년에 현재 의 조계사 자리로 이전하였다.

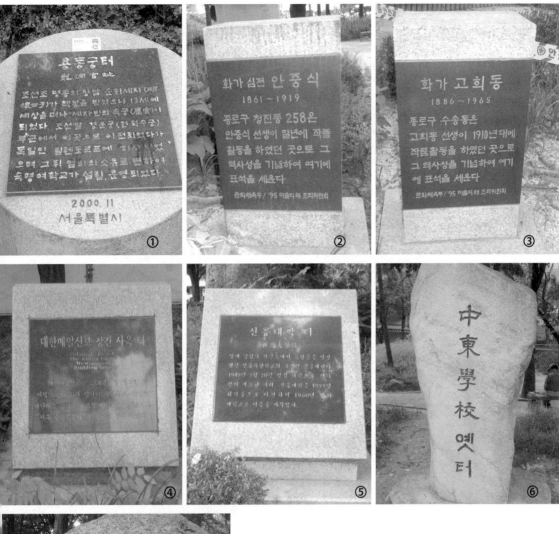

수송공원의 각종 표석들.
① 용동궁 터 표석 ② 화가 심전 안중식 기념 표석 ③ 화가 고희동 기념 표석 ④ 대한매일신보 창간 사옥 터 표석 ⑤ 신흥대학 터 표석 ⑥ 중동학교 옛터 표석 ⑦ 숙명여학교 옛터 표석

18. 수진궁(壽進宮), 수진측량학교 터

서울특별시 종로구 삼봉로 71 (수송동 51-8)

수송동 51-8번지 옛 종로소학교 자리에 있었던 수진궁(壽進宮)은 조선 제8대 예종 (1450~1469)의 둘째 아들 제안대군이 살던 궁이었으나, 조선 중기부터 어려서 죽은 대군이나 왕자 및 혼례 전에 죽은 공주와 옹주들의 혼을 모아 제사를 지내던 사당이 되었다. 그리고 1908년 개화사상가 유길준(兪吉濬)이 수진궁을 빌려 세운 수진측량전문학교가 1909년까지 있던 곳이다. 수진궁 터 표석은 거양빌딩 앞 도로변에, 수진측량학교 표석은 종로구청 앞에 세워져 있다.

수진궁 터 표석

수진측량학교 터 표석

19. 정도전 집터, 수송국민학교 터

서울특별시 종로구 삼봉로 33 (수송동 146-2)

수송동 146-2번지 종로구청 일대는 조선개국공신 정도전의 집터로 정도전이 이방원에게 살해당한 뒤에는 궁중의 말을 관리하는 사복시(司僕寺)와 포·인삼·의복·포화(布貨)의 관리를 맡아보던 제용감(濟用監)이 들어섰던 자리로 일제강점기에는 기마경찰대와 수송국민학교가 있었다.

정도전 집터 표석

위 / 중부학당의 옛 모습
아래 / 중부학당 설명과 표석

20. 중부학당(中部學堂) 터

서울특별시 종로구 종로1길 50 (중학동 19)

더케이트윈타워(The-K Twin Towers) 빌딩의 서쪽 화단에 표석이 있다.

1411년(태종 11)에 유생의 교육기관으로 한성에 5부학당을 설치하였다. 북부학당은 경복궁 때문에 세종 27년에 폐지되어, 동(東) 서(西) 중(中) 남(南) 등 4부학당만이 존속하게 되었다. 처음에는 학사가 없이 사원을 이용하였으나, 1411년(태종 11) 성명방(誠明坊)에 남부학당을 설치하고 이듬해 학사를 지었고, 1422년(세종 4) 관광방(觀光坊, 현재 중학동)에는 중부학당이, 1435년(세종 17)에는 여경방(餘慶坊, 현재 광화문)에 서부학당이 건립되었다. 학당 정원은 100명, 교수 2명, 훈도 2명으로 예조와 사헌부에서 감독하였다. 임진왜란 때 소실되어 1601년(선조 34)에 중건된 뒤에는 학생수가 격감하여 유명무실하게 되어 1894년(고종 31)에 폐지되었다.

중부학당 부근에는 사복시(司僕寺, 궁중의 가마나 말에 관한 일을 맡아보던 관아), 사포서(司圃署, 궁중의 과수원과 채소밭 등을 맡아보던 관청), 제용감(濟用監, 궁중의 모시·마포 등 옷감과 의복 제조와 공급을 담당하던 관청) 등이 있었다.

중부학당의 예전 표석(왼쪽 사진)과 2016년에 새로 세운 안내판

왼쪽 / 더케이트윈타워 빌딩의 동쪽 화단에 있는 제용감 터 표석
오른쪽 / 서울지방국세청 건물 북쪽에 있는 사포서 터 표석

제4부

보국안민,
서울에 꽃피다
- 종로 지역

모전교

1. 모전교(毛廛橋), 혜정교(惠政橋)

서울특별시 종로구 서린동 127-4 외

　모전교(毛廛橋)는 오늘날 서린동에서 무교동으로 통하는 청계천에 있던 돌다리[石橋]로 백운동천과 삼청동천이 합류하는 곳의 아래쪽에 있었다. 조선 시대에 다리 모퉁이에 과일을 파는 과전(果廛)과 모전(毛廛)이 있어 모전교(毛廛橋), 모전교(毛前橋), 모교(毛橋, 모전다리), 우전(隅廛, 모퉁이가게)다리, 무교(武橋) 등으로 불렀다. 다리 난간은 장통교와 비슷하고 길이는 4칸이었는데 1937년 태평로에서 무교동까지 암거화하면서 다리가 없어진 것으로 추정하고 있다. 청계천을 복원하면서 2005년 9월 30일 서린동과 무교동 간의 청계천 무교동길에 폭 23m, 길이 19.5m의 다리를 만들고 옛 이름과 같이 모전교라고 하였다.*

　한편 혜정교(惠政橋)는 중부(中部) 서린방(瑞麟坊) 북쪽, 현재 광화문우체국 북쪽의 중학천(中學川)에 놓였던 다리로 혜교(惠橋)라고도 불렀다. 다리 옆에 우포도청이 있어 포청다리로도 불렀고, 육조거리 동쪽에 있어 일명 관가다리로도 불렀다. 또『경도오부북한산성부도』에는 세장교(歲長橋)라고 표기하였고, 1926년 일제는 석교를 콘크리트교로 개수하고 이름을 복청교(福淸橋)라고 하였다. 혜정교는 1412년(태종 12)에 대광

---

* 『서울지명사전』 서울특별시사편찬위원회. 2009.2.13.

위 / 혜정교가 있던 중학천
아래 / 혜정교 터 표석

통교와 소광통교 등과 함께 만들어
진 평면 돌다리로 이곳은 육조거리
와 종로거리가 마주치는 곳이며 우
포도청 앞에 위치하여 공개 처형장
으로는 최상의 장소였다. 조선 시대
에 탐관오리를 공개 처형장에서 팽
형(烹刑) 또는 부형(釜刑)이라는 형벌
로 처벌하였다. 이 형벌은 가마솥에
죄인을 담가 삶는 형벌이지만 실제
로는 삶는 흉내만 내어 탐관오리에
대한 경각심과 부정부패를 제거하
는 전시적 의미가 컸다. 또한 그 서

쪽에는 세종 때부터 해의 그림자로 시각을 아는 앙부일구를 두었는데, 그 때문에 그 부근에 있던 신작로동·송교·혜천·피마동·낭후동을 합쳐 앙부일구의 뜻을 딴 일영대계(日影臺契)로 불렀다. 혜정교 근처 우물 주변의 마을은 혜천동(惠泉洞)·혜천골·혜정교 우물골이라고 하였다.*

　1898년 4월 20일부터 해월신사가 재판을 받기 위해 서소문감옥에서 공평동 고등재판소까지 10여 차례 오가면서 모전교(毛廛橋)와 혜정교(惠政橋)를 건너야 하였는데 다리를 지날 때는 쇠약한 몸으로 목에는 칼을 썼기 때문에 한두 번씩은 다리 위에 그대로 주저앉아 쉬어야 하였다. 광화문 교보빌딩 남쪽 종로변에 혜정교 터 표석이 세워져 있다. (해월신사 수도지 참조)

* 『서울지명사전』 서울특별시사편찬위원회. 2009.2.13.

청진동 신간회경성지회 자리. 현재는 GS그랑서울빌딩이 들어서 있다

2. 신간회경성지회 회관

서울특별시 종로구 종로 33 (청진동 126, GS그랑서울빌딩)

천도교가 참가하여 주도한 신간회경성지회는 1927년 6월 10일 낙원동 179번지(수표로 22길 2)에서 설립하였는데, 현재 종로에서 낙원동으로 들어가 오른쪽 첫 번째 골목 한국독립동지회가 있는 빌딩이다. 그 후 1928년 1월에는 골목길 동쪽으로 50m 정도 더 들어간 낙원동 160번지로 이전하였다가, 1928년 8월에는 청진동 126번지에 3천원의 전셋집을 얻어 이전하였다.*

그리고 1930년 9월 18일 안국동 155번지 이명수(李命洙)의 월셋집(보증금 100원에 월세 35원)으로 이전할 때까지 경성지회 회관으로 사용하였다. 종로구 청진동 126번지 위치는 종로1가 큰길에서 청진동 해장국 골목으로 들어가는 동쪽 둘째 집이 있던 자리이다. 현재 종로5길인 옛 청진동 입구 골목길과 제일은행 본점 사이에 있는 옛 건물들은 모두 철거되어 사라지고 이 자리에는 거대한 초고층 GS그랑서울빌딩이 들어서 옛 모습은 찾을 수 없게 되었다. (신간회경성지회 참조)

---

* 《동아일보》 1927.6.12 설립, 《동아일보》 1928.1.20 이전, 《동아일보》 1928.8.16 신간회경성지회 이전

위 / 대심원 터 표석
아래 / 경성지방법원과 복심법원, 종로경찰서가 사용하던 공평동의 고등법원

3. 경성지방법원, 복심법원, 종로경찰서

서울특별시 종로구 종로 47 (공평동 100, SC제일은행 본점)

종각이 있는 종로 네거리 제일은행 본점이 있는 이곳은 조선 시대 의금부와 의금부에 딸린 감옥이 있었던 자리였으나 갑오개혁 이후에 법무아문 의금사(1894) → 고등재판소(1895.3.25~1899.5.30) → 평리원(1899.5.30~1907.12.23) → 경성지방법원(1907.12-) → 통감부 대심원(1908~1909.10) →통감부 고등법원(1909.11) → 경성지방법원 및 경성복심법원(1912~1928, 정동으로 이전) → 종로경찰서(1929.9) 등이 차례로 들어서 있던 곳이기도 하다. 1898년 해월신사가 서소문감옥에서 이곳 고등재판소를 오가면서 재판을 받았던 곳으로 천도교인들이 반드시 알아야 할 역사의 현장이다. 빌딩 동쪽 화단에 대심원 터 표석이 서 있다(해월신사순도지 참조).

SC제일은행 본점

종로경찰서가 1957년 경운동으로 옮겨 간 후에는 신신백화점이 들어섰다가 현재는 제일은행 본점이 자리하고 있다.

4. 대동인쇄주식회사, 성문사 터

서울특별시 종로구 우정국로 24 (공평동 55)

3·1운동 때 천도교 보성사가 방화로 없어진 후 보성사에서 인쇄하던『천도교회월보』는 1919년 6월부터 1920년 6월까지는 공평동 55번지에 있는 성문사(誠文社)에서, 1920년 7월부터 1929년 8월까지는 같은 지번에 있던 대동인쇄주식회사(大東印刷株式會社)에서 인쇄하였다.

대동인쇄주식회사는 1920년 3월 29일 조선복음인쇄소와 성문사가 합동하여 자본금 50만원으로 설립한 조선인이 경영하는 인쇄소로는 가장 큰 회사로 족보는 물론 한글로 출간하는 대부분의 도서를 인쇄하였다. 1925년 2월과 8월에 문선공 30여 명이 「직공취체규칙」에 따른 승급과 상여금, 시간제노동 등을 요구하며 파업을 일으켰다. 이때 천도교인이며 경성인쇄직공조합에서 활동하던 박래원이 교섭위원 등으로 활동하였으나 실패하였다. 그러나 1927년 7월 60여 명이 다시 동맹파업을 벌여 조선인쇄직공조합을 비롯한 일반 사회단체의 연대투쟁으로 임금 인상과 노동시간 연장 반대 등의 요구 사항을 관철시켰다. 이는 대동인쇄주식회사 인쇄공들의 인쇄공조합을 통한 조직적 쟁의로 1920년대의 대표적 노동운동이라 하겠다.*

---

* 《동아일보》 1920.2.11~1927.8.3

5. 근우회본부 터

서울특별시 종로구 우정국로 30-28 (공평동 43)

1927년 9월 25일부터 근우회 회관이 있던 곳은 현재 종로타워 뒤쪽이다. 창립 당시 인사동 중앙예배당 안에 임시 사무소를 두었다가 1927년 9일 25일 이곳 공평동으로 이전하였다.[*]

신간회(新幹會)의 자매단체 성격을 띠고 있는 근우회(槿友會)는 1927년 5월 27일 창립된 대표적인 항일 여성운동 단체이다. 여성운동계의 김활란(金活蘭), 유영준(劉英俊), 유각경(兪珏卿), 최은희(崔恩喜), 현신덕(玄信德) 등과 사회주의 여성운동계의 박원민(朴元玟), 정종명(鄭鍾鳴), 주세죽(朱世竹), 그리고 천도교의 박호진(朴昊辰), 김숙(金淑) 등이 참여하여 조직되었다. 천도교여성동맹에서는 근우회 창립에서부터 적극적으로 참여하여 대외 여성운동을 활발하게 전개하였는데, 근우회본부와 경성지회뿐만 아니라 근우회동부지회에도 참여하여 활동하였다. 1930년 4월 15일 설치된 근우회경동지회는 공장에서 일하는 부녀노동자들이 많은 동부 지대인 동대문 밖의 상춘원에서 설립대회를 개최하였는데 여기에는 김수월(金水月), 박명화(朴蓂嬅), 박호진(朴昊辰) 등이 참석하여 중심인물로 활동하였다.[†] 천도교여성동맹에서 활동한 대표적 인물은 근우

---

* 《동아일보》 1927.9.26/근우회 사무소 이전

† 국사편찬위원회 「사상에 관한 서류(1) 문서 제목 근우회 경동지회 설치대회 취체 상황 보고(통보)」 문서번호

회 중앙집행위원장과 경성지회 집행위원장으로 활약한 박호진, 김숙, 김수월, 박명화 등이었다. 주요 활동은 여성문제 토론회와 강연회 개최, 야학 실시, 문맹 퇴치, 여공 파업의 진상 조사, 광주학생운동 및 각종 항일학생운동 지도와 지원 등이었다. 그러나 근우회는 사회주의 계열의 여성운동자들인 정종명, 정칠성(丁七星), 이현경(李賢卿) 등이 노골적인 사상을 드러내기 시작함으로써 민족주의 계열의 여성운동자들과 의견 차이가 생기기 시작하였으며, 또한 일제 당국의 탄압으로 활동이 저조한 상태에서 1931년 신간회 해체와 함께 해산되었다.

현재 공평동은 동서로 양분(우정국로)되고 고층 건물이 들어서 옛 흔적을 찾을 수 없다.

〈京東警高秘 제891호〉 발송자 경성동대문경찰서장, 발송일 1930년 4월 16일, 수신자 경무국장, 경기도경찰부장, 경성부 내 각 경찰서장, 관계 각 경찰서장

6. 일제 종로경찰서

서울특별시 종로구 종로 65 (종로2가 8-4)

천도교인들이 걸핏하면 시도 때도 없이 잡혀갔던 일제강점기 종로경찰서는 원래 탑골공원 옆에 있었는데 탑골공원 확장으로 1915년 9월 1일 종로2정목 8번지 장안빌딩 자리로 이전하였다. 이 자리는 1898년 전차, 전등, 전화 사업을 독점하던 한성전기철도회사의 사옥으로 건축되어 한미전기회사와 경성전기회사 등이 있던 곳이었다.

1923년 1월 의열단원 김상옥 의사가 폭탄을 던진 종로경찰서 현장이기도 하

김상옥 의거 터 표석

다. 그 후 1929년 9월 4일 종로경찰서는 1928년에 경성지방법원 및 경성복심법원이 서소문동으로 옮겨 가자 이곳 공평동으로 이전하여 광복이 될 때까지 조선인에게 악명을 떨쳤다.

그리고 광복 후 새로 출발한 서울종로경찰서는 한국전쟁 후 1957년 3월 13일 경운동에 신축한 청사로 이전하였다. 3·1운동 때 민족대표들이 모여 독립선언서를 낭독했던

종로2가에 있던 종로경찰서(1915~1928)

태화관은 종로경찰서와 가까운 곳에 있었는데 지금도 일반인은 물론 천도교인 중에도 이러한 역사를 모르는 사람이 많은 것을 보면 안타까운 일이다.[*]

　지하철 종각역 8번 출구 도로변에는 유심히 살펴야 볼 수 있는 '김상옥(金相玉) 의거 터' 표석이 서 있다.

---

[*] 《매일신보》 1915.9.2, 《동아일보》 1929.8.23 / 1929.9.4 / 1929.9.24, 《조선중앙일보》 1936.2.2

7. 이문 터

서울특별시 종로구 종로 69 (종로2가 9)

종로2가 YMCA 앞 도로변에 이문 터[里門址] 표석이 있다.

이문(里門)은 1464년(세조 10)에 한성의 주요 골목 입구에 설치하여 야간에 통행자를 검문하였던 방범 초소로 한성부에는 임진왜란 전까지 100여 개가 있었다. 1930년대까지 남아 있던 이문(里門)은 다락이 달린 2층 기와 문루인데 판자문을 통해 골목에 사는 주민들이 출입하였다.

이문 터 표석

우리나라 전역에 이문이 있었고, 현재 서울특별시 종로구 인사동 222번지, 중구 남대문로2가에서 조선호텔로 들어가는 입구, 중구 태평로2가 165번지에 있던 태평관 동쪽, 성동구 상왕십리 현인동, 마포구 염리동 서울여자중학교 부근 등에 이문 터가 있다.

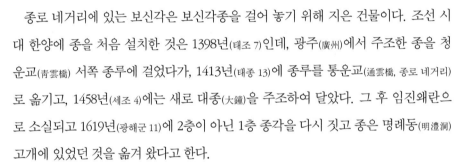

8. 보신각(普信閣), 한성정부 선포 터

서울특별시 종로구 종로 54 (관철동 45-3)

종로 네거리에 있는 보신각은 보신각종을 걸어 놓기 위해 지은 건물이다. 조선 시대 한양에 종을 처음 설치한 것은 1398년(태조 7)인데, 광주(廣州)에서 주조한 종을 청운교(靑雲橋) 서쪽 종루에 걸었다가, 1413년(태종 13)에 종루를 통운교(通雲橋, 종로 네거리)로 옮기고, 1458년(세조 4)에는 새로 대종(大鐘)을 주조하여 달았다. 그 후 임진왜란으로 소실되고 1619년(광해군 11)에 2층이 아닌 1층 종각을 다시 짓고 종은 명례동(明禮洞) 고개에 있었던 것을 옮겨 왔다고 한다.

이 종은 세조 때 주조한 원각사종으로 1536년(중종 31)에 남대문으로, 1597년(선조 30)에는 명례동 고개로 옮겼다가 광해군 때 이전한 것이다. 그 후 네 차례나 화재와 중건이 있다가 1895년(고종 32)에 보신각 현액(懸額)이 걸린 후 보신각종이라 부르게 되었다. 한국전쟁 때 소실된 것을 1953년 12월 10일 중건하였는데 이때의 보신각 현판은 이승만 대통령의 친필이다. 1980년에 2층 종루로 복원하였다.

1919년 4월 23일 정오 보신각 일대에서 학생과 시민이 대대적인 시위운동을 전개하는 동시에 전국 13도 대표들이 봉춘관에 모여 한성정부 선포식을 갖기로 하였으나, 〈국민대회 취지서〉와 정부 선포에 관한 문건을 배포하고, '국민대회 공화만세'라는 깃발을 들고 만세를 부르는 것으로 끝나고 말았다. 그러나 이날 13도 대표들의 이름으로 배포된 한성정부 선포 문건은 대한민국임시정부 수립 때 한성정부의 법통성

위 / 종로 보신각의 예전 모습
아래 / 종로 보신각의 현재 모습

을 주장하는 근거가 되었다.*

---

* 장규식 「서울, 공간으로본 역사」 혜안. 2004.5.31 p305

9. 조선중앙기독교청년회관

서울특별시 종로구 종로 69 (종로2가 9)

현재 종로2가 서울YMCA 자리, 1903년 10월 28일에 대한황성기독교청년회(大韓皇城基督敎靑年會)가 결성되어 종로 북쪽 큰길 뒷골목 향정동(香井洞, 인사동의 옛 태화궁 자리)의 구옥을 회관으로 사용하다가, 1907년 12월 미국 종교사업가 워너메이커(Wanamaker, 元雅美益曰)가 건축 자금을 전담하고 내장원경(內藏院卿) 현흥택(玄興澤)이 기증한 종로의 기지에 900여 평의 회관을 신축하였다. 그 후 1916년에 증축하여 사용하였으며 1950년에 소실되었다.

황성기독교청년회의 초창기 주요 인물은 김가진, 이상재, 윤치호, 남궁억, 이승만 등이다. 1906년에 황성기독교청년학관를 설치하여 주간에는 중학과(3년 과정)·일어과(1년 과정)·영어과(2년 과정)·목공과(木工課), 야간에는 일어과·영어과·부기과(簿記課)를 두어 교육과 종교 활동을 하여 황실에서 지원금을 하사받기도 하였다. 이승만(李承晩)도 1910년 말부터 학생부 간사로 활동였다.

1911년에 '데라우치총독암살미수사건(寺內正毅總督暗殺未遂事件)으로 윤치호가 체포되었으며, 이 사건을 세계에 폭로한 질레트는 추방당하였다. 그리고 일제는 1913년 초

---

* 《동아일보》 1961.10.27 / YMCA 28일로 창립 58주년

위 / 황성중앙기독교청년회관

오른쪽 / 황성중앙기독교청년회관이 있던 자리. 서울
YMCA 회관이 들어서 있다.

친일 기독교인으로 유신회(維新會)를 조직토록 하여 황성기독교청년회를 일본YMCA
에 소속시키는 공작을 벌여 결국 황성기독교청년회는 1913년 4월 조선중앙기독교청
년회(朝鮮中央基督敎靑年會)로 명칭이 바뀌었다.*

---

* 황성기독교청년회 『한국민족문화대백과』 한국학중앙연구원

신간회본부가 있던 자리. 현재는 YBM 어학원 건물이 들어서 있다.

10. 신간회본부 터

서울특별시 종로구 종로 104 (종로2가 55-1)

일제강점기 최대 민족운동 단체인 신간회는 1927년 2월 천도교를 비롯한 비타협적 민족주의 세력과 사회주의 세력의 민족협동전선으로 출범하여 관수동 143번지 이갑수(李甲洙)의 집 사랑채에서 회무를 보았다.* 그 후에 종로3가 파출소 뒤편으로 옮겼다가 1929년 1월부터는 종로2가 55번지 덕원빌딩 3층을 빌려 1932년 12월경까지 사용하였다. 1931년 5월 신간회전체대회에서 해소결의가 있었으나 중앙본부나 각 지회를 막론하고 해체를 뜻하는 것은 아니었다. 본부에서는 30명의 해소위원회, 평양대회에서는 신임집행위원회, 인천지회에서는 해소진행위원회 등에서 각각 해소 처리를 하기로 하는 등 그 밖의 지회에서도 상황은 비슷했다.

그러나 해소 처리는 신속하게 진행되지 못했고 지회에 따라서는 해소 반대 기운이 높아지기도 하였는데† 이런 현상은 1년 이상 지속되었다. 신간회 해소 후 일제가 신간회의 집회를 일체 금지했기 때문에 간판만을 유지하는 형편이었는데, 종로3가 덕원빌딩 3층에 있는 본부 회관에는 〈신간회본부〉라는 간판이 노총·농총·민총 등 세

---

* 《동아일보》 1927.1.26 *신간회 창립 때까지의 준비 자금은 모두 천도교에서 부담하였다.

† 평양지회신임집행위원회는 해소반대위원이 대부분이 되어 집행위원을 사임할 형세를 보였다. 《동아일보》 1931.12.29(2)

신간회본부 터 표석

단체의 간판과 함께 붙어 있을 뿐* 해산된 것이나 다름이 없었다. 그 후 1932년 12월 신간회 중앙해소집행위원장 강기덕(康基德)과 경성지회 해소집행위원장 정희찬(鄭喜燦)은 문서 일체를 사회실정조사부로 이관하기로 하였고, 사회실정조사부에서는 각 지회에 문서를 보내 줄 것을 요청하였다. 이것으로써 해소결의 후의 신간회는 간판마저 철거하고 해체되고 말았다.[+]

신간회가 있던 곳은 현재 종로2가 탑골공원 건너편 YBM빌딩 자리로, 도로변에는 2007년 서울시에서 세운 표석이 있다.

* 《조선일보》 1932.12.3
+ 《조선일보》 1932.12.23

11. 6·10독립만세운동 선창 터

서울특별시 종로구 돈화문로 26 (묘동 56)

이곳은 조선 시대에는 정선방에 있던 죄인을 다스리던 좌포도청이 있었으나, 1898년에는 고등법원 감옥서가 있었으며, 이곳에서 해월신사가 순도하였다. 그리고 이곳은 1926년 6월 10일 순종의 국장 행렬이 통과할 때 중앙고보생(中央高普生) 이선호(李先鎬) 등이 대한독립만세를 선창(先唱)하였던 자리이다. 서울지하철 1호선 종로3가역 9번 출구 앞 도로변에는 해월신사 순도터 표석과 좌포도청 터 표석이 나란히 세워져 있다(해월신사 순도지 참조).

6·10독립만세운동 선창 터 표석

그리고 길 건너 맞은편 도로변에는 1991년에 세운 6·10독립만세운동 선창 터 표석이 서 있다. 1926년 6월 10일 순종의 인산일을 맞아 벌어진 학생들의 독립만세시위는 종로3가 단성사 앞 파조교(罷朝橋)에서 시작되었다. 이날 돈화문 앞에서 홍릉 앞까지 2만4천여 명의 인파가 길가에 늘어선 가운데 8시 30분경 순종의 국장 행렬이 단

6·10독립만세운동이 일어났던 종로3가역 9번 출구

성사 앞 파조교 부근에 이르자 중앙고보생 30~40명이 이선호의 선창으로 '조선독립 만세'를 외치고 격문 1천여 매를 살포하였다. 이때 수백 명의 학생이 일제히 만세를 부르며 태극기를 흔드니 부근에 모여 있던 군중들도 이에 동조하여 만세를 불렀다.

12. 단성사 극장

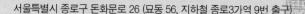

서울특별시 종로구 돈화문로 26 (묘동 56, 지하철 종로3가역 9번 출구)

1907년 묘동에서 개관된 단성사(團成社)는 처음에는 기생들의 창이나 무용 등으로 자선 공연을 주로 하였다. 1908년 7월 붕괴 사고와 이후 재정적인 어려움으로 1908년 10월 문을 닫았다가 곧 다시 개관해서 각종 연희(演戲)를 공연하였다. 1909년 이익우(李益雨)가 사장으로 있었으나, 다음 해인 1910년 경술국치(庚戌國恥)와 함께 경영권이 일본인 후지하라 유타(藤原雄太郎)에게로 넘어갔다가, 1911년 최우석(崔禹錫)·장기형(張機衡)·박기영(朴基英) 3인이 공동경영하였다. 1910년대 중반에는 광무대(光武臺) 경영자 박승필(朴承弼)이 인수하였다.

박승필은 광무대를 전통 연희를 위한 공연장으로 사용하고, 단성사는 영화관으로 사용하였으며, 3층 벽돌 건물로 개축하였다. 영화 전용 극장으로 바뀌고 나서도 개화기의 극장들이 연극과 영화를 엄격히 구분하지 않았기 때문에 연극도 많이 공연되었다. 특히 1919년 10월 27일 한국 최초의 영화 〈의리의 구토〉가 개봉되었다. '영화의 날'은 이날을 기념하여 제정되었다. 1929년 극단 조선연극사(朝鮮硏劇舍)도 단성사에서 창립 공연을 하였으며, 대체로 신파극단들이 공연을 많이 하였다. 1930년대에는 외국영화도 상영하였고, 1940년 대륙극장(大陸劇場)으로 개칭하였다가, 1945년 8월에 단성사로 환원하였다. 2001년 9월 건물을 철거하고 신축 공사가 착공되어 2005년 2월 7개 관 규모의 멀티플렉스(Multiplex) 영화관으로 개장하였고, 2006년 3개

옛 단성사 모습

관을 추가하였다.

2008년 4월에는 씨너스단성사가 되었으나 경영난으로 부도 처리되어 같은 해 11월 아산엠그룹이 인수하여 아산엠단성사로 출범하였다.*

---

* 『한민족문화대백과사전』 한국학중앙연구원

13. 우미관(優美館) 터

서울특별시 종로구 관철동 89

우미관은 우리나라에 영화문화가 들어온 초기부터 단성사(團成社) 및 조선극장(朝鮮劇場)과 더불어 있었던 영화관이다. 1912년 12월 서울 관철동 89번지에 일본인 하야시다(林田金次郞)가 설립하였는데, 2층 벽돌 건물로 수용 인원 1,000명 정도의 큰 극장이었다.

우미관의 전신은 황금연예관(黃金演藝館)으로, 그 발족은 1910~1911년 사이로 알려져 있다.

우미관은 1913년 12월 9일에 개관

우미관 터 표석

1주년 기념으로 참신기이(斬新奇異)한 사진을 택하여 본격적인 활동사진 흥행업을 벌이게 되었다. 원래 양화관(洋畫館)으로 출발한 우미관은 단성사와 조선극장이 자리 잡기 전인 1910년대에 가장 활발히 활동하였다. 1920년대와 1930년대 이후 단성사·조선극장과 경쟁적인 흥행을 벌인 우미관은 주로 오락적인 경향을 띠었다. 우미관은

옛 우미관 모습

광복 이후에도 관철동에 있었으나 한국전쟁 때 소실되었다. 1959년에 화재로 전소된 후 화신백화점 옆으로 이동하였으나 재개봉관으로 유지하다가 1982년에 폐업하였다.*

---

* 『한민족문화대백과사전』한국학중앙연구원

1. 서대문형무소와 마포 경성형무소

서대문형무소: 서울특별시 서대문구 통일로 251 (현저동 101)

마포 경성형무소 : 서울특별시 마포구 마포대로 174 (공덕동 105-1)

서대문형무소 자리에는 구한말의 전옥서(典獄署)가 있었고, 1904년부터 경무청감옥서(警務廳監獄署)가 있었다. 부지 6만 평(19만 8,348㎡)에 달하는 이곳에 시텐노가즈마(四天王數馬)의 설계로 1907년 착공하여 35여만 명을 수감할 수 있는 연건평 8천 평(26,446㎡)의 경성감옥을 1908년에 준공하였다.

준공 당시는 감방 480평, 청사 80평의 규모였으나, 1916년 7~8옥사 및 여사(女舍), 1923년 13옥사와 사형장, 1925년에 중앙사 및 10~12 옥사, 1934년에 1~6옥사 및 부속 옥사를 증축하여 확장하였다.

그 후 경성감옥이 1912년 마포구 아현동으로 이전해 가면서 서대문감옥이라 부르게 되었고 1923년부터는 서대문형무소로 불렀다. 1946년에 서울형무소로, 1961년에는 서울교도소로 각각 개칭했다가, 1963년 경기도 안양시에 신설된 안양교도소로 이전하면서 폐지되었다. 1967년 7월 7일 서울구치소로 개칭되었다. 서대문형무소는 3·1운동 때에는 의암성사를 비롯한 민족대표들과 천도교 중앙간부들 대부분, 그리고 수많은 민족 지도자와 독립운동가들이 수형 생활을 하고 고초를 당한 곳이다. 1987년 경기 의왕시로 옥사를 이전한 이후 사적 제324호로 지정되었다.

마포의 경성감옥은 1923년부터 경성형무소로 이름을 바꾸었다. 일제 패망 후 1946년에 마포형무소로, 1961년에는 마포교도소로 각각 개칭했다. 일제강점기 동안

대전형무소와 함께 무기수나 장기 수형자를 수용하였다. 1963년 안양교도소로 이전한 후 마포형무소 건물은 사라졌고, 그 터에는 서울서부지방법원이 들어서 있다. 1995년에 마포구 공덕동 105번지 마포형무소 자리에 '1912년 일제가 경성형무소를 설치하여 항일(抗日) 독립운동가(獨立運動家)들이 옥고(獄苦)를 치렀던 유적지'라고 적힌 표석이 설치되었다.

위 / 서대문형무소
아래 / 서대문역사박물관

경기도 여주군 금사면 주록리에 있는 해월신사 묘소

2. 해월신사(최시형) 묘소

경기도 여주시 금사면 안산길 236-47 (주록리 185-4)

1898년 6월 2일 고등재판소 형장에서 교형에 처해진 해월신사의 유해는 송파 이상하(李相夏)의 산에 성분(成墳)을 하였다가, 1900년 5월 1일 여주군 금사면 주록리 천덕산 천덕봉(天德峰, 630m) 아래 소시랑봉 산중턱으로 이장하였다. 1980년 6월 21일 묘비를 세웠으며 묘신 앞면에는 '천도교제이세교조 해월신사 최시형묘(天道敎第二世敎祖 海月神師 崔時亨墓)'라 쓰고, 뒷면에는 이선근(李瑄根)이 지은 비문을 기록하였다. 그리고 상석, 고석, 향로석 등의 석물이 갖추어져 있고, 봉분은 원형의 호석으로 설치되어 있다. 한국전쟁 직후까지는 여주교구 교인들이 벌초를 하는 등 묘소를 관리하였으며, 1986년 4월 10일 여주군향토유적 제8호로 지정되었다(단성사 앞 순도지 참조).

서울 강북구 우이동에 있는 의암성사의 묘소

3. 의암성사(손병희) 묘소

서울특별시 강북구 삼양로173길 107-12 (우이동 254)

　　의암 손병희는 1922년 5월 19일 환원하여 6월 5일 이곳에 안장되었으며, 1959년 10월 3일 의암성사 묘비를 건립하여 8일 정부의 3부 요인과 사회 각계각층의 대표, 학생, 일반 시민과 교인 등 2천여 명이 참석한 가운데 제막식을 거행하였다.

　　묘비 건립은 1959년 3월 1일 조동식, 이응준, 유진오 등 13명이 기념사업회를 발족하여 대한제염회사 사장 김상근이 총공사비 14,200,000환을 전액 부담하고, 중앙총부에서는 독립기념비를, 부인회에서는 석조화병을 부담하였고, 박원복(朴元福)이 보수공사 설계를 맡았다.[*] 우이동 봉황각 동쪽 50m 산기슭 의암성사 묘소 계하 동쪽 산기슭에는 곽병화(郭秉嬅)와 주옥경(朱鈺卿) 두 부인과 의암성사의 아우 강암(剛菴) 손병흠(孫秉欽)과 이흠화(李欽嬅) 내외의 묘소가 있다(봉황각 참조).

[*]　『신인간』 1959.12.20/김상근의 성금으로 건립하다.

4. 춘암상사(박인호) 묘소

경기도 포천시 소흘읍 무봉리 산 62-3

의정부에서 포천으로 가는 43번 국도 무봉리 입구에는 〈거친봉이〉라는 큰 표석이 있다. 마을로 150m쯤 들어가서 좌측의 무봉로를 따라가다 보면 〈브라가기도원〉이 있는데, 이곳에서 300m 정도를 올라가면 무봉산 중턱에 천도교 대도주 춘암상사 박인호의 묘소가 있다. 1940년 4월 3일 환원하여 서대문 밖 갈현동 가족묘지에 있다가 1964년 3월 28일 아들 박래홍(朴來弘)의 묘소와 함께 이곳으로 이장하였다.[*] 그리고 박광호[朴光浩, 1893년 광화문 복합상소의 소수(疏首)로 내포 지방의 동학지도자]와 1978년 2월 17일 환원한 아들 범암 박래원 종법사의 묘소도 이곳에 있어 세 분의 독립유공자를 모신 묘역이 되었다.

1966년 4월 3일 중앙총부 주관으로 묘비[+]를 세웠으며,[‡] 2001년 3월 5일 손자인 박의섭 종법사가 자신의 소유 임야 14,600여 평 중에서 춘암상사 묘역 1천여 평(3,300㎡)을 중앙총부(재단)에 기증하여 오늘에 이르고 있다. 박래홍의 묘소에는 1928년 당시 신간회 동지들이 세워 준 작은 묘비가 있었는데, 2000년 11월 5일 천도교청년회에서

---

[*] 춘암상사 유해이장위원회(고문 신용구·주옥경·김광호·김재반·신숙·최단봉, 위원장 이동락, 부위원장 김상근·장세덕·장창걸·이병헌·황생주, 총무 등 5개 부서)

[+] 천도교중앙총부 主管下 後學 趙東植 謹選 韓曾錫 謹書 堂侄 來源 至誠謹堅 嗣孫 義燮 明燮 世燮

[‡] 「춘암박인호상사 묘비건립제막식」 팸플릿, 천도교중앙총부 주관 1966.4.3

또 하나의 묘비를 세웠다. 춘암상사 묘소는 천도교회묘지공원으로 들어가는 마을 초입에 자리하고 있지만 출입로가 없는 때문인지 묘소를 참례하는 사람들이 거의 없는 실정이다.

포천시 소흘읍 무봉리에 있는 춘암상사 묘소

포천시 소흘읍 무봉리에 있는 천도교회묘지공원

5. 천도교회묘지공원

경기도 포천시 소흘읍 무봉리 400-1

의정부에서 포천으로 가는 43번 국도 무봉리 입구에는 〈거친봉이〉라는 큰 표석이 있다. 이곳에서 춘암상사 묘소를 왼쪽으로 바라보면서 동쪽 마을로 들어가면 무봉리 산 400-1 외 12필지에 23,300평(77,170㎡)에 달하는 천도교회묘지공원이 있다. 이곳은 1967년 7월 1일 황치상으로부터 증여받은 141-1 외 6필지 20,613평(68,142㎡)와 1981년 9월 23일 김초섭이 증여한 490평(1,618㎡) 등의 임야로 조성되었으나 공원묘지로 정리되지 못한 상태로 400~500기에 달하는 천도교인들이 잠들어 있다. 천도교단이 최우선의 사업으로 공원묘지를 조성해야 할 것이다.

위 / 망우리 묘지공원에 있는 위창 오세창 묘소
아래 / 망우리 묘지공원에 있는 소파 방정환의 길비(사진 왼쪽)와 묘비(오른쪽)

6. 망우리 묘지공원

서울특별시 중랑구 망우로 570 (망우동 산57-1번지)

　　서울특별시 중랑구 망우동 일대 83만 2,800㎡의 부지에 조성된 묘지공원으로 일제강점기 1933년 5월부터 공동묘지로 사용되기 시작하였다고 한다. 천도교 장로 오세창과 불교 승려 한용운을 비롯하여 방정환, 이중섭, 박인환 등의 묘소가 이곳에 있다. 안창호의 묘소도 이장하기 전에는 이곳에 있었다. 오세창과 방정환의 묘가 지척에 있는데도 이곳을 참례하는 사람들조차 모르는 경우가 많다. 그리고 이곳에 다수의 천도교인 묘소가 있을 것으로 추측되지만 확인하지 못하고 있다.

　　1931년 7월 23일 신병으로 경성제대 부속병원에서 33세로 요절한 소파 방정환의 5주기를 맞아 기념비를 건립하기 위해 윤석중 등 26명이 발기회를 갖고 조선중앙일보사 출판부 내의 윤석중과 최영주를 통해 모금을 하였다. 그리고 홍제원 화장장에 5년 동안 보관되었던 유골을 아차산(망우리) 100여 평의 가족묘지에 안장하고, 오세창이 쓴 〈동심여선(童心如仙) 어린이의 동무 소파 방정환지묘(小波 方定煥之墓)〉라 쓴 단갈(短碣, 기념비)을 세웠다. 1936년 7월 23일 오후 5시 아차산 남쪽 산기슭에 자리한 묘역에서 차상찬의 사회로 거행된 제막식은 소파의 2녀 영숙(榮淑=榮嬅) 양의 제막, 이정호의 약력 보고, 최영주의 경과 보고, 그리고 이은상, 류광열, 정인보, 김도현 등의 추억담에 이어 장남 재천(在天, 方云容) 군의 인사말로 마쳤다. 이날 참석자들은 오후 4시 청

량리역에서 왕복 버스편(왕복 차비 60전)으로 제막식에 참석하였다.[*]

한편 1983년 5월 5일 제61회 어린이날을 맞아 아동문학평론사 사장 이재철과 월간 아동문예 사장 박종현의 주관으로 도서출판인, 교육자, 언론인, 종교인, 아동문학가, 전남아동문학가협회 등에서 갹출한 성금으로 단갈 옆에 묘비를 세웠다.[†]

1931년 7월 25일 방정환 영결식(중앙대교당 앞)

---

[*] 《조선중앙일보》 1936.7.25, 《매일신보》 1936.8.2.

[†] 《천도교월보》 제52호 1983.6.15, 「신인간」 제409호 1983.6.1 / 사진

7. 국립서울현충원

서울특별시 동작구 현충로 210 (동작동 산41-2)

    국립서울현충원 애국지사 묘역에는 구한말과 일제 치하에서 항거해 의병 활동과 독립 투쟁을 한 순국선열과 애국지사 214분의 묘소가 있다.

    이 가운데 천도교인으로서 3·1운동에서 민족대표 등으로 참여한 권동진(權東鎭), 이종일(李鍾一), 김완규(金完圭), 권병덕(權秉悳), 이종훈(李鍾勳), 나용환(羅龍煥), 나인협(羅仁協), 홍병기(洪秉箕) 등이 안장되어 있다. 이곳에 있는 묘소는 대부분 다른 곳에서 이장을 하였거나 또는 화장하여 묘소가 없는 경우에 새로 조성된 것이다. 그 밖에도 다수의 천도교인 묘소가 있을 것으로 추측이되지만 망우리 묘지공원과 함께 천도교단에서 조사한 바가 없어 확인하지 못하고 있다.

보국안민 발길로 서울을 걷다

등록 1994.7.1 제1-1071
1쇄 발행 2017년 9월 10일

지은이 이동초
펴낸이 박길수
편집인 소경희
편 집 조영준
디자인 이주향
관 리 위현정
펴낸곳 도서출판 모시는사람들
        03147 서울시 종로구 삼일대로 457(경운동 수운회관) 1207호
전 화 02-735-7173, 02-737-7173 / 팩스 02-730-7173
홈페이지 http://www.mosinsaram.com/

인 쇄 상지사P&B(031-955-3636)
배 본 문화유통북스(031-937-6100)

값은 뒤표지에 있습니다.
ISBN 979-11-86502-93-8   03900

이 도서의 국립중앙도서관 출판시도서목록(CIP)은 e-CIP 홈페이지 (http://www.nl.go.kr/ecip)
에서 이용하실 수 있습니다. (CIP 제어번호 : CIP2017018771)